Paula Liebig

Die Schallplattensammlung meines Vaters

Paula Liebig

Die Schallplattensammlung meines Vaters

Roman

Verlag:
Paula Liebig
Mimischka21@gmail.com

Herstellung: epubli – ein Service der neopubli GmbH, Köpenicker Straße 154a, 10997 Berlin

Kontaktadresse nach EU-Produktsicherheitsverordnung: produktsicherheit@epubli.com

In den Weihnachtsferien, als alles anfing

Wir saßen beim Frühstück, im Hintergrund lief WDR 2 und Christine Westermann sprach gerade über Bücher, die sie ihrem Publikum im vergangenen Jahr vorgestellt hatte. Jan ist derjenige von uns beiden, der immer das Radio anmacht, obgleich er nie zuhört. Ich hingegen bin dann ganz Ohr und möchte durch keine anderen Gespräche abgelenkt werden. Ohnehin suche ich nicht das Gespräch, wenn ich gerade mein Marmeladenbrötchen esse. Auf jeden Fall beschloss ich, mir den Buchtitel „Der Bademeister ohne Himmel“ zu merken, um die verbleibenden Ferientage mit eben dieser Lektüre zu verbringen. Jan meinte nur, er würde nicht auf die Idee kommen, etwas lesen zu wollen, das Christine Westermann empfiehlt. Ich dachte nur: Warum nicht?

Sie ist eine Frau, nicht mehr ganz jung, hat in ihrem Leben unendlich viele Bücher gelesen und unter die Lupe genommen. Es kann nicht so falsch sein, ihrer Empfehlung zu folgen.

Am Montagmorgen bei Thalia fand ich den Roman von Petra Pellini und nahm dann auch noch Angela Merkels „Freiheit" mit für den Fall, dass Frau Westermann und ich nicht denselben Buchgeschmack haben sollten. Es war mal wieder so ein widerliches Winterwetter, einfach nur nass und kalt, neblig und dunkel. An solchen Tagen sehne ich mich nach dem Schnee aus Kindertagen, aber was hilft es, das Klima ändert sich ja nun mal. Ich setzte mich in die Nähe der Heizung in einen gemütlichen Sessel, reinigte noch die Lesebrille und begann zu lesen. Der erste Satz zog mich sofort in seinen Bann, beschließt doch die

Ich-Erzählerin, sich umbringen zu wollen. So schreibt man Romane, dachte ich bei mir. Mir fiel sofort ein Roman von Édouard Louis ein, der ebenfalls mit einem heftigen ersten Satz daherkommt. Die Hauptfigur kann sich an keinen glücklichen Tag in ihrer Kindheit erinnern. So oder so ähnlich beginnt die französische Geschichte. Bei mir funktionieren solche dramatischen Einstiege. Ich möchte dann mehr über die Person erfahren.

Das Wetter änderte sich nicht und so kam es, dass ich den „Bademeister“ nach wenigen Tagen ausgelesen hatte. Ich saß bei Jan am Küchentisch und erzählte ganz beseelt von meiner Lektüre, als ich mich sagen hörte: „So etwas könnte ich auch schreiben. Einen Roman über meinen Vater und wie wir ihn pflegen. Ich würde von seinen Schallplatten berichten und von all den skurrilen Erlebnissen mit ihm." Jan lachte auf und meinte, „du könntest aus der Sicht deines Vaters schreiben. Das wäre Weltliteratur wie Ulysses von James Joyce". Jan machte der Gedanke viel Freude, aber ich musste daran denken, dass ich mit Ulysses noch nie etwas anfangen konnte. Jan und ich haben beide Anglistik studiert. Daher unterhalten wir uns manchmal über Dinge, die Außenstehenden abgehoben oder merkwürdig vorkommen. Wir können uns in sprach- oder literaturwissenschaftliche Themen so richtig hineinsteigern. Das ist wunderbar.

Eine Erzählung aus der Sicht meines Vaters würde nicht funktionieren, so viel war klar. Aber die Idee, von seinen Schallplatten zu berichten, gefiel mir. Das wäre zwar kein reißerischer Anfang, aber es wäre ein Anfang, dachte ich mir. Allerdings werde ich all diejenigen, die etwas über Langspielplatten aus den letzten siebzig Jahren zu erfahren hoffen, enttäuschen. Um Musik geht es dabei nicht, sondern um die immer gleichen Monologe, die mein Vater den lieben langen Tag von sich gibt.

Der fahrbare Untersatz

Schallplatte eins handelt vom fahrbaren Untersatz: „Ich brauche ein Auto, eine Vespa, einen Koffer, einen Sturzhelm“, insistiert er etwa hundert Mal am Tag. Dahinter verbirgt sich eine traurige Geschichte, die vor etwa fünf Jahren damit begann, dass mein Bruder Holger ihm den Ford Focus wegnahm. Manch ein Achtzigjähriger kann noch Autofahren, aber unser Vater konnte es zum damaligen Zeitpunkt nicht mehr. Meine Mutter beschwerte sich immer öfter, dass er Bordsteinkanten „mitnahm“ - wie sie sagte - und sie Angst hätte. Sie berichtete, dass viele Verkehrsteilnehmer sie überholten, weil Eckhart so langsam fuhr. In diesem Zusammenhang sagte ich gerne, dass es nicht falsch sein kann, wenn jemand, der unsicher ist, langsam fährt und dass das auch auf Fahranfänger zutreffen könnte. Aber letztendlich war mir klar, dass wir nicht warten konnten, bis etwas passierte.

Alles ging ganz schnell. Meine Mutter händigte Holger die Autoschlüssel aus, die Garagentür ging auf und wieder zu, und fort war der Ford. Eckharts Reaktionen waren heftig. Über Wochen hinweg bezeichnete er seinen eigenen Sohn als Arschloch. Da nun das Verhältnis ohnehin zerrüttet war, entsorgte mein Bruder auch gleich die Vespa unseres Vaters, die nicht mehr durch den TÜV gekommen war. Von diesem Tag an sollten die Worte „Ich brauche ein Auto, eine Vespa, einen Koffer, einen Sturzhelm“ nicht mehr aus unserem Leben wegzudenken sein. Irgendeinmal sagte ich dann zu ihm: „Ach Vater, immer die alte Schallplatte“, und bei dieser Redewendung blieb es dann. Heute, im Jahre 2025, verfügt er über zahlreiche Schallplatten, die mal kürzer, mal länger ausfallen und bei denen unterschiedliche Stimmungslagen zutage treten. So gibt es nicht nur deprimierende Mono-loge, sondern auch fröhliche oder geradezu euphorische Endlosschleifen. Aber darauf komme ich später noch zu sprechen.

Gedanken über mein Erstlingswerk

Wie schon erwähnt, ist meine zweite Lektüre in diesen Ferien Angela Merkels Autobiografie. Das Werk wird so aggressiv beworben, dass ich im Buchladen nicht umhinkam, es an der Selbstbedienungskasse zu scannen. Zupp, 42 Euro in den Sand gesetzt. Leider klappte das Scannen bei Pellinis Roman nicht mehr, weshalb ich dann doch noch zur Menschenkasse gehen musste. Aber der Aufwand sollte sich lohnen!

Angela Merkel erklärt in ihrem Vorwort, dass ihre Sicht der Geschehnisse äußerst subjektiv sei, sie sich aber „[…] um aufrichtige Selbstreflexion bemüht". Ich würde sagen, dass gilt auch für mein Erstlingswerk. Es könnte sein, dass Familienmitglieder, Nachbarn, Bekannte, Ärzte usw. die Dinge anders sehen als ich und sich möglicherweise auf den Schlips getreten fühlen. Aber das wäre so ganz und gar nicht meine Absicht. Bevor ich jedoch von der jungen Generation in meiner Familie einen riesigen Shitstorm ernte und vom Pflegedienst meiner Eltern verklagt werde, beschließe ich, die Namen aller Beteiligten zu ändern – mit Ausnahme von Trixi, unserer Katze. Doch kommt mir gerade in den Sinn, dass auch die Tierärztin oder PETA mich verklagen wollen könnten. Also nenne ich Trixi „Mira", denn Katzen lieben bekanntlich i-Laute. „Amanda" wäre unpassend. Mira ist auch wirklich ein Wunder. Sie ist schon fast siebzehn und hat ihren jugendlichen Spieltrieb noch nicht verloren. Ich habe ihr zu Weihnachten einen Stab mit einem Federpuschel gekauft, hinter dem sie stundenlang herspringt.

Ich wünschte, für meinen Vater gäbe es auch ein Spielgerät, dass ihm zu mehr körperlicher oder geistiger Aktivität verhelfen würde. Da fällt mir ein, dass Sandra ihm zum Geburtstag einen mit Lachgas befüllten Ballon mitgebracht hatte, auf dem „Happy Birthday“ stand. An einer Stuhllehne befestigt, schlugen wir den Ballon hin und her, bis auch mein Vater mitmachte. Wenn er gut drauf ist, kommt schon mal der alte Eckhart zum Vorschein, der Handballspieler, der in die eine Richtung guckt und den Ball in die andere Richtung wirft. Mit diesem Wurf-Trick waren Holger und ich schon als Kinder vertraut. Den konnte Eckhart nur noch an fremden Leuten wie Urlaubsbekanntschaften ausprobieren, und wenn es ihm gelang, sie zu täuschen, hatte meine Mutter den größten Spaß. In solchen Situationen sah und hörte man sie lachen, und man ahnte als Kind, dass sie diesen Mann liebte.

Unwetterwarnung

Der heutige Tag ist auch wieder verregnet und grau, doch gibt es zusätzlich Unwetterwarnungen wegen Sturmböen. Am Telefon sagte meine Mutter, dass sie und Eckhart trotzdem in die Stadt führen, denn schließlich müssten sie einkaufen gehen und zu Mittag essen. Diese Angewohnheit hat Gisela eins zu eins von ihrer Mutter, meiner Oma Luise. Die alte Dame, Witwe seit ich denken kann, nutzte jede Gelegenheit, um unter Menschen zu gehen. Elegant gekleidet, die Haare toupiert und - wie mein Bruder gesagt hätte - „ins Schminktöpfchen gefallen“ traf man sie im Café Grimm oder auch mal bei Müller. Während auch Gisela täglich in die Stadt muss, begleitet Eckhart sie nur widerwillig oder mangels Alternative. Manchmal eskaliert es zwischen den beiden, wenn Eckhart das Gefühl hat, dass sich der Aufenthalt im Lebensmittelladen unnötig in die Länge zieht. Dann beschimpft er seine Gattin vor allen Leuten oder rennt einfach davon. Interessant ist, wie schnell er in solchen Situationen laufen kann. Ich sag nur: „Handballspieler“. Den Oberkörper nach vorne gebeugt und mit einer Krücke ausgestattet, macht er flinke Schritte. Um diese abzufedern, geht er stärker in die Knie als es eigentlich notwendig wäre. So huscht er an den Menschen vorbei, die an der Kasse eine Schlange gebildet haben, bis man ihn im Getümmel der City-Arkaden aus den Augen verliert.

Meistens ist meine Mutter froh, wenn er weg ist und sie in Ruhe ihre Einkäufe fortsetzen kann. Die beiden treffen sich dann am Busbahnhof wieder, wo sie gemeinsam in die 615 steigen. Eckhart hat es auch schon geschafft, alleine nach Hause zu reisen. Aber letztlich fühlt er sich in Begleitung meiner Mutter sicherer.

Angesichts der Unwetterwarnung erscheint es mir vernünftig, heute zuhause zu bleiben. Derweil stelle ich mir vor, wie meine alten Herrschaften aus dem Linienbus aussteigen und vom Wind einfach umgepustet werden, so dünn und gebrechlich wie sie sind. Da sitzen sie auf dem nassen Gehsteig. Mein Vater schaut eher apathisch, meine Mutter schimpft und gestikuliert, bis einige Passanten ihnen wieder auf die Beine helfen. Aber die beiden sind hart im

Nehmen. In meiner Vorstellung setzen sie ihren Weg nach einer kurzen Verschnaufpause am Busbahnhof fort. Gisela erzählte erst kürzlich, dass die Menschen auf der Straße oder in Bus und Bahn immer sehr zuvorkommend seien. „Inwiefern denn?“, wollte ich wissen. Manchmal habe ich einfach das Bedürfnis, Giselas Erzählungen zu hinterfragen. Doch sie hatte einige Beispiele parat. Im Eiscafé hilft man ihnen in die Jacke, das kann mein Vater nicht alleine. Wenn sie in den Bus steigen, bekommen sie auch oft Unterstützung. Manche Leute reichen ihnen die Hand oder auch mal den Arm. Und im Bus würden sie immer einen Sitzplatz bekommen, verkündete sie. Irgendwie freut mich das. Es zeigt, dass da draußen Leute sind, die auf andere aufpassen, die reagieren und mitdenken. Das ist gut. Dann muss ich mir nicht so viele

Sorgen machen.

Reaktionen auf meine Schreibversuche

Nach den ersten vier Abschnitten kam ich auf die Idee, Jan mein Manuskript zu schicken, um seine qualifizierte Meinung einzuholen. Man muss wissen, dass wir in verschiedenen Städten und folglich auch in getrennten Wohnungen leben. Da kann man nicht einfach durchs Haus rufen: „Schatz, komm mal gucken, was ich heute geschrieben habe!“, sondern muss das Ganze per E-Mail zu versenden. Ich speicherte das Textdokument und verwandelte es in eine PDF-Datei, als plötzlich ein KI-Assistent auf meinem Monitor aufpoppte, den ich noch nie zuvor gesehen hatte. Sowas macht mir

Angst. Ich frage mich dann, ob ich aus Versehen ein Abo für irgendwelche online Werkzeuge abgeschlossen habe. Aber nein, eine weitere Sprechblase verkündete: „Gratis testen!“ Okay, dachte ich, schauen wir mal, was die künstliche Intelligenz für mich tun kann. Meine Leseprobe wurde in wenigen Sekunden verarbeitet, und dann sollte ich eine Frage über meinen eigenen Text stellen - als wäre es Weltliteratur, ein Auszug aus Ulysses oder so. Mir fiel aber nichts Besseres ein als „Ist der Text interessant?“ einzutippen. Die Antwort meines neuen Assistenten kam umgehend:

„Ja, der Text ist interessant. Er bietet eine tiefgehende und persönliche Erzählung über das Leben der Erzählerin, ihre Familie und insbesondere ihren Vater. Die Mischung aus Alltagsbeobachtungen, literarischen Reflexionen und humorvollen sowie nachdenklichen Momenten macht den Text abwechslungsreich und fesselnd. Die detaillierten Beschreibungen und die authentische Darstellung der Charaktere tragen ebenfalls zur Attraktivität des Textes bei.“

Ich war geflasht. So etwas Schönes hatte mir noch nie eine Lehrkraft unter einen Schulaufsatz geschrieben. Vor meinem geistigen Auge sah ich mich als Gast bei Christine Westermann eine Textpassage aus meinem Debütroman vorlesen. Tosender Beifall. Das wäre mein Durchbruch.

Nun hoffte ich, dass ich von Jan ein ebenso positives Feedback erhalten würde. Und tatsächlich, er schrieb mir viele aufmunternde, pädagogisch wertvolle Zeilen. Nichtsdestotrotz hatte ich den Eindruck, dass Jan es besser machen wollte als der künstliche Assistent, bezweifelt er doch die Fähigkeiten der KI. Jans Fokus lag auf dem Aspekt der „literarischen Distanz", einem seiner Lieblingsthemen. Zitat Jan:

„Für mich stellt sich die Frage, ob du durchgehend so nah an der Realität bleiben oder dich doch noch von ihr entfernen möchtest."

Mit anderen Worten: Er empfahl mir, mich stärker von den Geschehnissen zu distanzieren und einen eher fiktiven Text zu verfassen. Das hätte einen klaren Vorteil: Man würde niemandem zu nahe treten und müsste weder eine Klage, noch Anfeindungen befürchten. Trotzdem spürte ich, dass ich die echte Geschichte erzählen muss. Wahrscheinlich, weil das Schreiben für mich eine therapeutische Funktion erfüllt, die nicht mehr gegeben wäre, wenn ich

Dinge erfände. Außerdem ist das wie beim Lügen: Man muss sich die ausgedachten Parts bis ins kleinste Detail merken, was nicht nötig ist, wenn man einfach nur die Realität wiedergibt.

Trixi und die Fußpflege

Ausgerechnet heute steht in der WZ: „Viele Katzen und Hunde haben Demenz". Das hat noch gefehlt, denke ich. Ich gehe ein paar Schritte in der Wohnung hin und her, rufe: „Trixi, Trixi, wo biste?" Und dann in hoher Stimmlage ein langgezogenes „Triksiiii!" Schon kommt sie aus dem Gästezimmer angetrabt. Ich schaue sie an, sie erwidert meinen Blick. Da fällt mir ein, dass ich mal gelesen habe, Katzen würden einem nicht in die Augen schauen. Oder sie würden einen intensiven Blick als bedrohlich einstufen. „Alles Quatsch!“, sage ich zu ihr. Trixi mauzt etwas heiser, streift mir um die Beine und geht zielstrebig auf den Fressnapf zu. Sie hat den Test mit Bravour bestanden, würde ich sagen. Weder schwerhörig noch dement. Lediglich ihre Stimme ist in die Jahre gekommen. Aber vielleicht rede ich mir das alles auch nur schön. Trixi ist sehr dünn geworden. Von dem „Kugelfisch“, wie ich sie früher gerne nannte, ist nicht mehr viel übrig geblieben. Jan würde sagen, dass alles in Ordnung ist, solange sie regelmäßig frisst. Ich hoffe es. Wenn Trixi über den Parkettboden läuft, dann vernimmt man ein deutliches „tick, tick, tick, tick“. Das ist ungewöhnlich, denn Katzen laufen ja bekanntlich auf Samtpfoten. Ich vermute, dass ihre Krallen lang, hart und spröde sind, weil sie sie nicht mehr sorgfältig wetzt. Meine Eltern sind in dieser Hinsicht besser aufgestellt: Sie nehmen die Dienste einer Fußpflegerin in Anspruch.

Ferienende ist Schulbeginn

Den Übergang von den Ferien in die Schulzeit empfinde ich auch nach all den Dienstjahren noch als äußert unangenehm. „Ja, ja, die Lehrer mal wieder!“ würde mein Kumpel Martin, seines Zeichens Altenpfleger, meine Äußerung kommentieren. Wobei ich dann gerne erwidere: „Lehrer –Innen, Martin! Gibt es doch mittlerweile für alles drei Formen: männlich, weiblich und divers.“ Mit solchen Spitzfindigkeiten kann man

Martin zur Weißglut bringen, das ist herrlich. Aber um das Thema „Gendern“ soll es an dieser Stelle gar nicht gehen, sondern darum, dass mich der Schulbeginn total „abtörnt“. Ade, du friedliche, stille Zeit! Ade, du liebe Lektüre! Jetzt muss ich Frau Merkels Memoiren wohl oder übel beiseitelegen. Den ersten Teil, in dem sie über ihre Kindheit und Jugend in der DDR berichtet, fand ich sehr spannend und durchaus inspirierend. Und was wird aus meinem neuen Hobby, der Schriftstellerei? frage ich mich. Ich glaube, mein Dienstherr (was für ein altmodischer Begriff!) würde es nicht mögen, wenn ich neben meiner Tätigkeit im Schuldienst auch noch als Romanautorin tätig wäre. Im Übrigen muss man Nebentätigkeiten anmelden, und dann kann es passieren, dass sie einem untersagt werden. Über solche Dinge weiß Jan Bescheid. Er hat eine besondere Fähigkeit, sich Szenarien auszudenken, bei denen die Lehrkraft versetzt wird, den Beamtenstatus verliert oder gleich in den Knast kommt. Daher nehme ich mir vor, meinen Roman erst in den Osterferien fortzusetzen – oder eventuell schon am Karnevalswochenende. Hinzu kommt, dass neben meinem Job auch die Betreuung meines Vaters einiges an Zeit beansprucht. Tatsächlich bin ich offiziell als Pflegekraft angemeldet, wobei meine Mutter mit zwanzig Stunden pro Woche den Bärenanteil leistet. Eigentlich ist das mit den Wochenstunden ein Witz, denn unseren alten Herrn können wir beim besten Willen nicht mehr alleine lassen. Er benötigt er eine 24/7 Betreuung. Den „schwarzen Peter" hat meine Mutter „gezogen", lebt sie doch praktischerweise mit

Eckhart unter einem Dach. Und das, nebenbei bemerkt, schon seit sechzig Jahren.

Todessehnsucht

Es ist an der Zeit, auf eine weitere Schallplatte meines Vaters zu sprechen zu kommen. Nennen wir sie Schallplatte zwei, wenngleich es keinen Sinn ergibt, diese Platten in eine Reihenfolge zu bringen.
Jedenfalls stand der gestrige Tag ganz im Zeichen dieser Schallplatte, seiner traurigsten Endlosschleife. Es war Vater-Tochter-Tag, was bedeutet, dass Gisela ausgeht und irgendetwas Schönes unternimmt, während ich Eckhart betreue. Als ich die Haustür aufschloss, kam er mir schon entgegengewankt und begrüßte mich mit den Worten

„Ich will sterben! Abends einschlafen und morgens nicht mehr aufwachen!“ Mittlerweile weiß ich damit umzugehen und erwidere so etwas wie: „Das darf doch nicht wahr sein! Ich komme dich besuchen, und du willst sterben!“ oder „So ein schönes Kompliment hast du mir schon lange nicht mehr gemacht!“ oder „Warum willst du sterben? Die Sonne scheint, die Vögel singen, und bald ist Frühling!“ Ich plaudere fröhlich vor mich hin, wohl wissend, dass ihn meine Antworten nicht erreichen. Aber mir selbst geht es damit besser.

Hinter dem Wunsch, sterben zu wollen, verbirgt sich eine tiefgreifende Depression, die auch medikamentös behandelt wird. Meine Mutter, vor der ich mich an dieser Stelle verneige, sorgt mit einer Engelsgeduld dafür, dass Eckhart seine Tabletten nicht nur in den Mund nimmt, sondern auch runterschluckt. Zwei Mal am Tag. Trotzdem ist er Stimmungsschwankungen unterworfen. Es gibt Tage, an denen er heiter und aufgeräumt wirkt und andere, an denen er schweigt oder in seinen Monologen festhängt. Problematisch wird es, wenn ihn etwas wütend macht. Dann kann er ausfallend und aggressiv werden. Zum Glück lässt es seine körperliche Verfassung nicht zu, Gewalt auszuüben. Aber Andeutungen, er werde einen Gegenstand schleudern oder einen Mitmenschen anrempeln, hat es schon gegeben.

Vor einigen Jahren trug es sich zu, dass meine Eltern beim Frühstück saßen, als Eckhart einen Wutanfall bekam. Ich vermute, es hatte mit dem Gärtner zu tun, doch das ist reine Spekulation. Eckhart wurde derart zornig, dass er damit drohte, Gisela das Marmeladenglas an den Kopf zu werfen. Meine Mutter wollte es nicht darauf ankommen lassen. Sie flüchtete auf die Straße und klingelte Sturm bei ihren Nachbarn, einer fünfköpfigen Familie, mit der sich meine Eltern das Doppelhaus teilen. Die Wände zwischen beiden Häusern sind dünn. Die Küchen und Treppenhäuser liegen Wand and Wand, weshalb Familie Albrecht das Geschrei von nebenan sicher schon vernommen hatte und alarmiert war. Die ganze Geschichte endete damit, dass Frau Albrecht einen Notruf absetzte, nicht etwa bei der Polizei, sondern bei meinem Bruder. Holger schwang sich also ins Auto und tat alles, um meinen Vater wieder zur Raison zu bringen. Ich gehe davon aus, dass er ihm klare Kante zeigte. Vielleicht drohte er ihm mit Knast, Psychiatrie oder Entmündigung. Auf jeden Fall war seine

Ansprache wirkungsvoll. Einen vergleichbaren Wutanfall hat es seither nicht mehr gegeben. In gewisser Weise tut es mir leid, dass Holger immer die „Drecksarbeit" machen muss, zumal er durch sein energisches Eingreifen die Beziehung zu seinem Vater aufs Spiel setzt. Er übernimmt quasi die Rolle des „bad cop", ich die des „good cop". Das rechne ich ihm hoch an.

Rehfeldstr. 11

Holger und ich sind im jetzigen Haus unserer Eltern aufgewachsen. Die Rehfeldstraße ist, wie der Name schon andeutet, recht idyllisch gelegen - auf den Südhöhen der bergischen Metropole nahe einem großen Waldgebiet. Als die Wohnsiedlung, die etwa dreißig Häuser umfasst, angelegt wurde, gab es dort Wiesen, Felder und eben Wald. Ich erinnere mich sehr gut, dass man vom Garten aus durch ein kleines Holztor auf die dahinter gelegene Wiese oder Weide gehen konnte. Obwohl ich noch klein war, etwa im Vorschulalter, gelang es mir, das Törchen zu öffnen, indem ich einen gebogenen Metallhaken aus einer Öse hob. Das war im wahrsten Sinne des Wortes kinderleicht. Für mich war es das Tor zum Paradies. Diese unendliche Weite, das meist frische Grün, und die Aussicht über den westlichen Teil der Stadt hatten mich in ihren Bann gezogen. Außerdem hoffte ich immer darauf, Rehe oder andere Tiere zu erblicken, die es bei uns im Garten nicht gab. Man ließ uns Kinder oft unbeaufsichtigt im Garten herumspringen – was in der heutigen Zeit undenkbar wäre. Aber ich weiß, dass meine Eltern den Garten vom Küchenfenster aus gut im Blick hatten. Wenn ich nun durchs Holztor in die Wunderwelt hinter unserem Grundstück entfleuchte, lief ich nicht weg. Ich ließ das Törchen offenstehen und bewegte mich nur ein paar Schritte auf und ab, um den Bienen im Klee zuzusehen.

Meine Erinnerung an diese Zeit ist recht lückenhaft. Aus irgendeinem Grund entwickelte ich jedoch eine Angst vor „dem Fuchs“. Vielleicht war es eine erzieherische Maßnahme gewesen, damit ich im Garten blieb, dass jemand zu mir gesagt hatte: „Dich holt der Fuchs!“ Auf jeden Fall hatte ich eine Zeit lang Albträume, in denen ich auf meinem Weg über die Wiese bis zum Waldrand von einem Fuchs angefallen wurde. Natürlich kann es auch sein, dass mir das Märchen „Rotkäppchen und der böse Wolf“ in den Sinn kam oder mich das Lied „Fuchs du hast die Gans gestohlen“ übermäßig beeindruckte.

Als ich ein Grundschulkind war, wurde hinter unserem Grundstück eine Gartensiedlung gebaut. Dies führte dazu, dass mein geliebtes Holztörchen entfernt wurde und als Grenze zu den Schrebergärten eine Hecke angepflanzt wurde. Somit war mein Paradies aus frühen Kindertagen Geschichte.

Ich erzähle diese Dinge, weil das Haus, eigentlich eine Doppelhaushälfte, im Leben meiner Familie eine besondere Bedeutung hat. Gisela und Eckhart lieben dieses Haus mit seinem Garten, der Garage, dem Vorgarten und allem, was dazu gehört. Ich würde fast so weit gehen, zu behaupten, dass dieses Haus der Grund war, warum sie

sich nicht haben scheiden lassen. Wir Kinder waren nicht der Grund. Wir waren auch schon groß, im Teenager-Alter, als die Ehe meiner Eltern ins Wanken geriet.
Gisela und Eckhart blieben zusammen und leben auch heute noch dort. Man kann sich denken, dass sie ihr Domizil auf gar keinen Fall verlassen wollen, dass sie dort wohnen möchten, bis sie tot umfallen, um es drastisch auszudrücken. Holger und ich versuchen ihnen dies zu ermöglichen - und die Pflegekasse auch.

Während Eckhart schon seit circa fünf Jahren eine Pflegestufe hat, ist Gisela - eigentlich die ältere von beiden - noch geistig und körperlich fit. So kommt es, dass sie zur Pflegekraft ihres Mannes „taugt". Holger kümmert sich vor allem um die technischen Belange im Haus. Er repariert dies und das, kümmert sich um Glühbirnen und Rauchmelder, er installiert Festhaltegriffe im Bad und macht die Wohnräume altengerecht. Man kann von Glück sagen, dass er handwerklich begabt ist. Ich ärgere mich heute darüber, dass ich so altmodisch, meiner Frauenrolle gemäß, erzogen worden bin. Hätte ich die handwerklichen Tätigkeiten denn nicht zusammen mit Holger von unserem Vater erlernen können? Ich überlege manchmal, an so einem Emanzen-Workshop der Volkshochschule teilzunehmen: „Reparaturen für Frauen", „Reifenwechsel leicht gemacht" oder so ähnlich.

Holger ist auch der Getränkelieferant für meine Eltern. Zwar gibt es mittlerweile in allen Städten Flaschenpost, Picknick und ähnliche Dienste, doch nutzen Gisela und Eckhart kein Internet und nehmen sich so die Möglichkeit, online etwas zu bestellen.

Wenn sie „Essen auf Rädern“ ordern, dann ruft Gisela persönlich bei dem Caterer an. So hätte sie es vor dreißig Jahren auch gemacht. Also kann man Firmen, deren Kundschaft aus älteren Menschen besteht, nur dringend raten, unter einem Telefonanschluss zu sprechen zu sein.

Doch, um auf die Rehfeldstraße zurückzukommen: Vor circa einem Jahr zeigten sich im Kleingarten hinter dem Grundstück meiner Eltern neue Pächter. Dies konnte man vom Küchenfenster aus gut beobachten. Sie ließen keinen Stein auf dem anderen, pflügten die verkommene Rasenfläche um, pflanzten zwei kleine Bäume, legten vielfältige Beete an und errichteten auch ein Gewächshaus. Alles deutete darauf hin, dass der Ziergarten in einen Nutzgarten umfunktioniert wurde. Hier wollten Leute im großen Stile Obst, Gemüse, Kräuter und so weiter ernten. Man fragte sich, ob dies mit der Kleingartenverordnung wohl im Einklang stehe, musste sich damit aber nicht weiter beschäftigen. Dachte man. Bis relativ plötzlich und ohne jegliche Ankündigung seitens der neuen Leute die mannshohe Hecke zum Grundstück meiner Eltern entfernt wurde. Meine alten Herrschaften hatten es nicht bekommen, sonst wären sie rechtzeitig eingeschritten. „Das geht aber doch nicht! Das ist unser Sichtschutz und dient der Markierung des Grundstücks. Jetzt können wir denen beim Essen auf die Teller gucken. Das darf doch nicht wahr sein!" Gisela und Eckhart rotierten. Bei nächster Gelegenheit bahnte sich Gisela den Weg ans Ende unseres Gartens und suchte das Gespräch mit den neuen Nachbarn. Das ging sehr gut, denn die einstige

Barriere war fort.

„Das sind Marokkaner. Die Frau trägt ja auch ein Kopftuch. Aber sehr nette Leute. Die verstehen was vom Gärtnern. Sie haben gedacht, die Hecke nimmt ihnen Platz weg und wirft zu viel Schatten auf ihr Beet. Man kann sich sehr gut mit der Frau unterhalten. Sie wohnen am Blomberg, das ist ja am anderen Ende der Stadt. Man stelle sich das vor, was für ein weiter Weg, um hier einen Kleingarten zu nutzen!"

Giselas Meinung hatte sich um hundertachtzig Grad gewendet, da ihr bewusst wurde, dass sich hier neue Kontakte knüpfen ließen. Sie hatte eine Gesprächspartnerin gefunden, mit der sie – wie man so sagt - „über den Gartenzaun hinweg" plaudern konnte. Und sie witterte die Chance, dem täglichen Einerlei mit ihrem Ehemann zu entkommen, wenn auch nur für ein paar

Minuten.

Es würde auch bedeuten, dass sie Dinge zu erzählen hätte. Denn natürlich berichtete sie Holger und mir in aller Ausführlichkeit, was sie über die neuen Leute in Erfahrung gebracht hatte. Und sie würde diese Dinge auch anderen Nachbarn aus der Siedlung erzählen. So hat sich am Ende alles zum Guten gewendet.

Wer macht den Pflegejob?

Man würde meinen, dass es selbstverständlich ist, dass Eheleute für einander da sind und einander pflegen, wenn es nötig ist. Das gilt auch für Partnerschaften ohne Trauschein wie zum Beispiel Jan und mich.

Wir machen uns schon auch Gedanken darüber, wie wir in einer ähnlichen Situation agieren würden und inwieweit unsere Kinder einbezogen werden sollten. Jan gibt sich alles andere als egoistisch und möchte niemand zur Last fallen. Ich sehe das etwas differenzierter, zumal man überlegen muss, was genau das heißt „jemandem zur Last fallen“. Bekanntlich ist „geben seliger als nehmen“ oder anders ausgedrückt: Eine Pflegetätigkeit, ein Betreuen oder Helfen kann als erfüllend und sinnstiftend wahrgenommen werden, wäre also eine Bereicherung und keine Last.

Die Sache sieht aber etwas anders aus, wenn zum einen der pflegebedürftige Mensch nicht mehr gesund wird und über Jahre hinweg betreut werden muss, und zum anderen, wenn die pflegende Person selbst hochbetagt ist.

Meine Mutter ist über achtzig, hatte eigentlich geplant, ihren Ruhestand – der Wortbedeutung gemäß – ruhig zu verleben, und nun macht sie einen „Pflegejob“ rund um die Uhr. Denn nachts hat sie „Bereitschaft“. Es ist schon vorgekommen, dass Eckhart auf seinem nächtlichen Weg zur Toilette gestürzt ist oder aus unerfindlichen Gründen irgendwo auf dem Fußboden saß und nicht mehr aufstehen konnte. Gisela hat ihn dann in alle möglichen Richtungen gezerrt und gezogen, gehievt und geschoben, aber ohne Erfolg. Sie ist nämlich eine kleine, zierliche Frau. Am Ende musste Holger kommen und Eckhart aus seiner misslichen Lage befreien. Aber zum Glück war nichts Schlimmeres passiert.

Vater-Tochter-Tag

Nach allem, was ich bisher geschildert habe, entsteht vielleicht der Eindruck, dass die Tochter der Eheleute sich rar macht. Holger schwingt sich in Notsituationen ins Auto, und Paula zieht sich aus der Affäre. Tatsächlich ist es so, dass mein Bruder sehr praktisch denkt und die Ansicht vertritt, dass nicht immer beide Kinder – er und ich – auf der Matte stehen müssen, sondern es reicht, wenn eine Person zur Stelle ist. „Ressourcen schonend" würde ich das nennen und bin ihm dafür dankbar.

Mein Einsatz ist immer mittwochs, wenn Eckhart und ich den Vater-Tochter-Tag begehen. Da ich auch auf dem Papier als pflegende Angehörige vermerkt bin, ermöglicht mir mein Arbeitgeber, in Teilzeit zu arbeiten und diese so zu organisieren, dass dabei ein freier Tag pro Woche herausspringt. Ich würde sagen, da hat sich die Politik wirklich etwas Sinnvolles einfallen lassen.

Meine Anwesenheit mag zwar meinen Vater erfreuen, doch soll sie vor allen Dingen meiner Mutter eine Auszeit ermöglichen. Gisela, die überachtzigjährige Pflegekraft, hat also einmal in der Woche frei. An diesem Tag macht sie etwas Schönes, wie sie gerne verlauten lässt. Ich vermute, dass einfach alles schön für sie ist, solange nur Eckhart abwesend ist. Das mag hart klingen, ist aber nachvollziehbar und menschlich.
Ich musste mich auch zunächst an den Gedanken gewöhnen, meinen freien Tag in den Dienst meiner Eltern zu stellen. Kann

man doch an solch einem Mittwoch viel erledigen oder mit der Freundin einen Kaffee trinken, shoppen gehen, etwas für die Fitness tun, sich einem Hobby widmen und so weiter. Ich merkte aber selbst, dass das recht dekadent wäre.

Meine Mutter verlässt vor dem Mittagessen das Haus, sodass ich für die Nahrungsaufnahme meines Vaters verantwortlich zeichne. Er ist etwas wählerisch. Beim letzten Mal beanstandete er, die Kartoffeln seien kalt. Das lag daran, dass ich sie pellen musste, was ich privat gar nicht mehr mache. Heißt es doch, die Schale enthielte wichtige Nährstoffe. Gesunde Ernährung interessiert ihn wenig. Er murmelte etwas von „Schale, ohne Schale“. Ich hatte Currywurst von der Bude mitgebracht. Die liebt er. Lustig ist, dass er sie merkwürdig ausspricht: „Küriwurst“. Ich denke dann an „Kyrie“, dieses Wort aus der Kirche. Ein Blick in den Duden zeigte, es stammt aus dem Altgriechischen und bedeutet „Herr“. Das passt wie die Faust aufs Auge: „Herrenwurst“.

Eckharts Lieblingsgemüse, Brokkoli, rundete an jenem Tag das Mittagsmenü ab. Gisela legt nämlich Wert auf gesunde Ernährung. Junkfood kann sie nicht leiden, wenngleich sie diesen Ausdruck gar nicht kennt.

Wenn Eckhart isst, fährt er sein Gehirn runter wie einen PC. Er ist dann nicht ansprechbar und tut auch nicht kund, ob es ihm schmeckt. Fragen in diese Richtung ignoriert er. Aber nachdem er die Küriwurst verspeist hatte, konnte ich ihm einen positiven Kommentar entlocken: „War gut.“ Das zählt etwa so viel wie ein Michelin-

Stern.

Die Sonne schien und daher trafen wir alle notwendigen Vorbereitungen, um einige Schritte vor die Tür zu gehen. Das dauerte etwa vierzig Minuten: Gang zur Toilette, Schuhe, Jacke, Mütze an. Suchaktion: Schlüssel, Portemonnaie, Fahrkarte, Uhr. Das kann doch nicht wahr sein, dachte ich und sagte zu ihm: „Du musst nichts suchen, ich habe alles Nötige eingesteckt. Wir gehen nur durch die Gartensiedlung." Mein Hinweis beeindruckte ihn keineswegs. Er musste seine Sachen suchen. Zum Glück fanden wir sie auf dem Tisch im Wohnzimmer. Er verstaute sie sorgfältig in den Innentaschen seiner Jacke, nahm die Krücke, und so verließen wir das Haus. Aber irgendetwas war ihm über die Leber gelaufen. Beim Anblick der Treppe vor seinem eigenen Haus schimpfte er: „Wie das aussieht!

Diese Stümper! Die haben Mist gemacht! Das ist doch nicht schön!“ Tatsächlich waren die Stufen vor der Eingangstür erst vor einigen Monaten erneuert worden - aber nicht zu Eckharts Zufriedenheit.

Die schlechte Stimmung änderte sich schlagartig als die Nachbarin Frau Johnson ihren PKW vor dem eigenen Haus mit der Nummer sieben abstellte. Die adrette Sechzigjährige hatte es meinem Vater angetan. Nun eilte er in ihre Richtung, um ihr ein krasses Kompliment zu machen: „Ihre Haustür gefällt mir“! Frau Johnson lachte herzlich und verschwand hinter eben dieser Tür. Wir wissen nicht, wie Sigmund Freud das Kompliment gedeutet hätte. Ich würde es so erklären, dass der Eindruck der netten Dame mitsamt der roten Tür so überwältigend war, dass ihm nichts Besseres einfiel. Wir gingen in die Nachbarsiedlung, um von dort aus durch ein Wäldchen zur Schrebergartensiedlung zu gelangen. Das Ganze dauerte sehr lange, weil Eckhart vor jedem Haus stehenblieb und den Renovierungsbedarf analysierte. Er kommentierte den Zustand der Treppenstufen - ein Reizthema, seit die eigenen erneuert worden waren. Er interessierte sich für Solarpaneele und den Anstrich. Er übte Kritik an schmutzigen Hauswänden oder „verkommenen" Vorgärten – wie er gerne sagt. Obwohl wir nicht vom Fleck kamen und mir ein wenig kalt wurde, freute mich, dass er so viel redete. Es ist nicht selbstverständlich, sondern stark von der Tagesform abhängig, ob er sich artikuliert. Oft sucht er nach den passenden Wörtern. Das können ganz alltägliche Dinge sein wie zum Beispiel „Handy". „Das, das, das… Ding", stammelt er unter Umständen und ist dankbar, wenn man ihm auf die Sprünge hilft.

In der Schrebergartensiedlung war nichts los. Kein Wunder zu dieser Jahreszeit. Für Eckhart eine Enttäuschung, denn er mag es, zu anderen Spaziergängern Kontakt aufzunehmen, und wenn man sich nur „guten Tag“ sagt. Als wir uns dem oberen Ausgang näherten, begegnete uns dann doch noch eine Hundebesitzerin mit einem großen, zotteligen Tier, das nicht angeleint war. Mein Vater rief in seinem jugendlichen Eifer: „Ja, komm her, feiner Hund, komm zu mir!“, was ich nicht sehr klug fand, denn so klapperig wie er ist, kann ihn ein großer Hund umwerfen. Die Besitzerin sah sich in der Verantwortung und pfiff ihren Liebling zurück. Im nächsten Moment erwachte Eckhart zum Leben: „Kann der Hund auch sehen?“ Die freundliche Spaziergängerin ging darauf ein: „Ja, selbst verständlich kann Banksy sehen!“ Nun die Pointe meines Vaters: „Ist das ein Seehund?“ Er selbst amüsierte sich und die Dame lachte auch. Leider wusste ich schon, wie die Comedy-Einlage meines Vaters weitergehen würde und begann, mich unbehaglich zu fühlen. Witz Nummer zwei lautete: „Hat der nicht letztens einen Polizisten vom Pferd gerissen?“ Dies verneinte die Hundefrau vehement. Nach einer kleinen rhetorischen Pause dann die krönende Schlussfrage: „Nehmen Sie den Hund auch mit ins Bett?“ Ich hoffte inständig, die Dame würde „nein“ sagen. Und tatsächlich begriff sie, dass das die bessere Antwort wäre. „Nein, nein, das habe ich nicht so gerne!“ wiegelte sie ab. Aber Eckhart war natürlich auf jedwede Äußerung vorbereitet und kommentierte: „Dann möchte ich nicht ihr Hund sein!“ Er lachte. Frauchen und Hund Banksy gingen still weiter, mein Vater und ich ebenfalls. Einerseits freut es mich, wenn mein alter Herr vergnügt ist und etwas zu lachen hat. Anderseits habe ich dann immer das Gefühl, mich für seine sexistischen oder übergriffigen Äußerungen entschuldigen zu müssen. Es ist ein Zwiespalt.

Als wir wieder zuhause ankamen, war Eckhart erschöpft und bestand auf seinem Nachmittagsschlaf. Ich konnte ihn überreden, sich auf die Couch ins Wohnzimmer zu legen, anstatt sich in sein Schlafzimmer zurückzuziehen. Ich spielte ihm ein paar Lieder auf dem Klavier vor. Kleine Übungsstücke von großen Komponisten, die ich bereits als Teenager eingeübt hatte.

Ich weiß nicht, ob das ein gutes oder schlechtes Zeichen war – jedenfalls gelang es ihm, dabei zu schlafen.

„Politisch korrekt“ - was soll das sein?

Die sterbliche Hülle meines Vaters lebt zwar im hier und jetzt, doch ist er geistig im letzten Jahrhundert hängen geblieben. Dies mag erklären, warum er gerne sexistische Witze erzählt. Holger und ich sind damit groß geworden. Tatsächlich gibt es da den ein oder anderen lustigen Joke, aber mir ist klar, dass man sowas nur in den eigenen vier Wänden erzählen sollte – wenn überhaupt. Seine Enkeltochter Luise, genannt Lu, hatte damit schon immer ein Problem und war phasenweise nicht gut auf

Eckhart zu sprechen. Doch gab es nur zwei Möglichkeiten: Entweder man arrangierte sich mit seiner Art oder man hielt sich von ihm fern. Er wollte sich schon früher nicht verbiegen und heute erst recht nicht, da noch der Altersstarrsinn dazu kommt.
Gisela lacht manchmal mit ihm - bei so harmlosen Witzen wie zum Beispiel:
Da sagt die Frau zu ihrem Mann: „Guck mal der Herr Meier gibt seiner Frau jeden Morgen zum Abschied einen Kuss. Kannst du das nicht auch mal tun?“ Antwort des Mannes: „Ich kenne die Frau doch gar nicht!“

Nicht nur Sexismus, auch Rassismus ist im Kopf meines Vaters ganz normal. Wobei er komplexere Zusammenhänge inzwischen nicht mehr versteht. Meine Eltern sind in ihrem Leben viel gereist und haben sich für andere Kulturen sehr interessiert. Dies führt dazu, dass sie gerne Leute, die ein fremdländisches Äußeres haben, nach ihrer Herkunft fragen. Während Gisela es immerhin schafft, vom „kulturellen Hintergrund“ oder den „Wurzeln“ einer Person zu sprechen, macht Eckhart es auf die ganz plumpe Art: „Türkin?“, so könnte die Ein-Wort-Frage lauten, die er an eine Frau mit Kopftuch richtet.

Ich war schon mehrmals dabei. Wir hatten in den City-Arkaden Waffeln gegessen und fuhren mit dem Aufzug ins Erdgeschoss. Eine junge Familie mit einem Baby im Kinderwagen stieg dazu. Eckhart guckte mehr als neugierig in den Kinderwagen, sodass ich dachte, das Kind fängt bei diesem Anblick sicher gleich an zu schreien. Dann wandte er sich mich hochgezogenen

Augenbrauen an die jungen Eltern: „Türkei?“ In solchen Momenten schäme ich mich und hoffe, die Passanten nehmen sein Benehmen nicht so ernst. Das junge Paar zögerte zunächst, schien dann zu verstehen, dass ihr Gesprächspartner nichts Böses im Schilde führte. Der Mann erklärte: „Wir sind Deutsche, aber unsere Eltern kommen aus der Türkei.“ Mein Vater nickte hocherfreut und wollte gerade von seiner Türkei-Reise berichten, doch die Aufzugtüren öffneten sich, und wir stiegen aus. Wenn sich Leute auf solch ein Gespräch einlassen, zählt Eckhart die Stationen seiner Reise auf: „Izmir, Ephesus, Istanbul, die Kirche Sophia“ und so weiter. Eigentlich möchte er zum Ausdruck bringen, wie gut es ihm dort gefallen hat. Er möchte den Menschen zu ihrem Ursprungsland gratulieren. Sein Gesichtsausdruck vermittelt dies auch, seine Wörter und Phrasen nur bedingt.

Meine Eltern verbinden mit ihrer Frage nach der Herkunft eines Menschen nichts Negatives oder Abwertendes. Sie interessieren sich einfach dafür. Deshalb verstehen sie auch nicht, dass dies heutzutage ein absolutes „No-Go“ ist. Meine Versuche, ihnen das neugierige Fragen abzugewöhnen, sind gescheitert. Aus ihrer Sicht ist das weder diskriminierend noch rassistisch. Fragt sich nur, wie das die angesprochenen Personen empfinden. Mir bleibt nichts anderes übrig als zu hoffen, dass ihnen aufgrund ihres hohen Alters eine gewisse „Narrenfreiheit“ eingeräumt wird. Und was ist mit mir, der deutlich jüngeren Frau? Ich könnte vorgeben, die beiden Alten nicht zu kennen. Haha. Das würden sie mir übelnehmen.

Mein Eindruck ist, dass insbesondere Muslime sehr viel Respekt vor den „ganz Alten“, also den Überachtzigjährigen, haben. Im Döner-Restaurant am Wupperufer, das Gisela und Eckhart für sich entdeckt haben, werden sie bestens umsorgt. Dort trinkt Eckhart nach der Mahlzeit einen türkischen Tee, der aufs Haus geht. Anderswo würde er solch ein Getränk nicht anrühren.

Auch Eckharts Frisör, eigentlich ein Barber, räumt ihm gewisse Privilegien ein. Zum einen muss er dort nie warten und zum anderen bekommt er einen Sonderpreis von fünf Euro für die Rasur. Manchmal sind auch noch die Augenbrauen im Preis inbegriffen. Wie ist das möglich? Ganz offensichtlich hat da jemand Ehrfurcht vor einem alten, gebrechlichen Mann. Vielleicht war aber auch emotionale

Erpressung mit im Spiel, insofern als Eckhart seinen „Ich will sterben“-Monolog zum Besten gegeben haben könnte. Wir wissen, dass er diese Schallplatte gelegentlich an fremden Leuten testet. Während uns Familienmitglieder die alte Leier nicht beeindruckt, mag sie andere Menschen verunsichern. Solch ein junger Barber könnte Angst bekommen und denken, dass der alte Mann in seinem Laden tot umfällt. Eine andere Erklärung habe ich nicht.

Manchmal berichtet Eckhart seinem sozialen Umfeld vom Diebstahl seiner EC-Karte. Das klingt dann immer so, als wäre es erst gestern passiert, dabei ist das Ereignis im Prinzip schon verjährt. Mit großem Entsetzen musste er feststellen, dass eine Diebesbande in der Lage war, tausend Euro von seinem Konto abzuheben. Man sollte meinen, dass das nicht passieren kann, weil man entsprechende Vorkehrungen trifft. Doch mein Vater gehört zu den Menschen, die sich ihre Geheimzahl nicht merken können und daher hatte er einen Zettel mit den entsprechenden Zahlen im Portemonnaie – direkt neben der Bankkarte versteht sich. Außerdem wäre er niemals auf die Idee kommen, eine Grenze für den abzuhebenden Betrag festzulegen. Wenn es sein muss, hebt er tausend Euro ab. Schließlich könnte es sein, dass ihm jemand eine Vespa verkaufen möchte. Diese Praktiken wurden ihm also zum Verhängnis. Zwei jüngere Frauen, die man als Südländerinnen bezeichnen könnte, stiegen mit ihm zusammen in den Linienbus, rempelten ihn an und suchten danach das Weite, Eckhart hingegen seine Brieftasche. Als er sein Konto wenig später sperren ließ, fehlten bereits tausend Euro. Das war ein großer Schock für meinen alten Herrn, der immer dafür sorgt, dass er genug Rücklagen hat und nicht über seine Verhältnisse lebt.

Peinlich wurde es auf der Polizeiwache, als Eckhart angab, zwei Zigeunermädchen hätten ihn bestohlen. Der freundliche Polizist nahm die Anzeige auf, weigerte sich aber den Ausdruck „Zigeuner" zu verwenden. Er erklärte, man würde etwa von Personen aus der Roma-Kultur sprechen, wenngleich dies ja gar nicht bewiesen sei. Unverständnis bei Eckhart, der sich mit seiner Einschätzung sicher war. Alles half aber nichts, denn das Geld war weg, und die Täterinnen konnten nicht überführt werden. Dass mein Vater in Zukunft von „Sinti und Roma" sprechen wird, wage ich zu bezweifeln. Doch hat er aus dem Vorfall etwas Wichtiges gelernt, nämlich dass man seine Geheimzahl nicht am selben Ort aufbewahrt wie seine Bankkarte. Das bringt eine neue Herausforderung mit sich: Man muss sich merken, wo am Körper der Zettel mit der Geheimzahl versteckt ist.

Die unterschiedlichen Beispiele zeigen, dass Eckhart mit „politisch korrekt“ nichts am Hut hat. Klar kennt er die beiden Wörter „politisch“ und „korrekt“. Doch dass sich dahinter eine Weltanschauung verbirgt, die mit bestimmten Verhaltensweisen einhergeht, wird er in diesem Leben wohl nicht mehr begreifen.

Grippewelle

Es ist Januar und die Grippewelle greift um sich. Man hat einfach Halsschmerzen, Husten oder Schnupfen – das gehört zur Jahreszeit dazu. Ich bin heiser, was bedeutet, dass ich mir eine Auszeit vom Unterricht nehmen könnte. Schließlich ist die Stimme ein wichtiges Werkzeug im Lehrberuf. Oder ich plane den Unterricht so, dass er ohne mein Gerede auskommt. Das funktioniert aber nicht in jeder Lerngruppe. Je tiefer die Jugendlichen in der Pubertät stecken, desto mehr muss ich von meiner Stimme Gebrauch machen. Leider haben die Lernenden – wie es neudeutsch heißt - wenig Verständnis für eine Lehrkraft, die sich krank zum Unterricht schleppt. Mit Rücksichtnahme ist nicht zu rechnen.

Ganz anders verhält es sich bei den eigenen

Eltern. Sie freuen sich immer über Besuch und würden niemals sagen: „Bleib lieber zuhause, wenn es dir nicht gutgeht." Das Argument, dass man vermeiden möchte sie anzustecken, lassen sie nicht gelten. Sie haben Corona überlebt. Daher kann ihnen eine Erkältung nichts mehr anhaben. Manchmal frage ich mich: Ist es Unvernunft? Oder schwingt da eine gewisse Lebensmüdigkeit mit? Nehmen sie in Kauf, krank zu werden, weil ihnen mein Besuch so unendlich viel bedeutet?

Da muss ich direkt an die Corona-Krise zurückdenken. Die Allgemeinheit war der Auffassung, dass es besser sei, einsam, aber gesund zu sein, als Menschen um sich zu haben und den Tod zu riskieren. Meine Eltern hätten sich für die letzte Variante entschieden, sofern dies gesetzeskonform gewesen wäre.

Bereitschaft

Ich glaube zwar nicht, dass ich es war, die Gisela ansteckte, doch trat gestern die Situation ein, dass sie über nie dagewesene Bauchschmerzen klagte. Sie beschloss, zunächst auf der Couch im Wohnzimmer zu liegen und nichts anderes als Magen-Darm-Tee zu sich zu nehmen. Eckhart war fassungslos. Niemand kam, um ihm Frühstück zu machen, um ihn zu waschen oder ihm beim Ankleiden zu helfen. Lediglich seine Medikamente lagen fein säuberlich in der Tablettendose bereit. Er fühlte sich wie von allen guten Geistern verlassen, wie das Opfer einer Intrige. Ob Gisela das extra machte? Wollte sie ihn loswerden, fragte sich der alte Mann und ging wieder ins Bett. Andere Leute machen die Nacht zum Tag, er machte den Tag zur Nacht.

Meine Eltern verbrachten also den Vormittag schlafend, bis Gisela sich dazu durchringen konnte, Holger anzurufen. Vor meinem Arbeitsplatz, der Schule, haben sie Respekt, wenn nicht Ehrfurcht. Handelt es sich doch um einen Ort, an dem dieses hohe Gut „Bildung“ vermittelt wird. Und dass man den Unterricht nicht stören darf, ist für beide selbstverständlich. Ich nehme an, das wurde ihnen in der Kindheit so vermittelt. Glücklicherweise ist Holger sein eigener Chef und immer per Handy zu erreichen. Er hatte also wieder einmal „Bereitschaft in der Rehfeldstraße“. Den Zustand unserer Mutter fand er besorgniserregend. Dass sie morgens aufsteht und sich direkt wieder hinlegt, war zuletzt vor zwanzig Jahren geschehen, als sie mit einer Blindarmentzündung ins Krankenhaus musste. Seitdem hatte sie keine gefährlichen Krankheiten mehr gehabt. Zumindest kann ich mich nicht daran erinnern. Holger rief eine Ärztin, die Hausbesuche macht. Gleichzeitig kümmerte er sich darum, dass Eckhart aufstand, sich ein paar Sachen überwarf und eine Brotzeit zu sich nahm. Als mich Holger telefonisch erreichte, deutete er bereits an, dass er meine Unterstützung bräuchte.

Alle möglichen Gedanken gingen mir durch den Kopf: Was wäre, wenn Gisela ins Krankenhaus käme? Sollte ich mir eine Tasche packen, um bei Eckhart übernachten zu können? Die Vorstellung, im Haus meiner Eltern nächtigen zu müssen, missfiel mir. Dass ich nicht im Ehebett neben Eckhart schlafen würde, stand für mich fest. Ich könnte in meinem ehemaligen Jugendzimmer schlafen, das noch original so aussieht wie vor vierzig Jahren. Die Möbel waren - und sind – Eiche Furnierholz in

Dunkelgrün. An den Wänden hängen noch die Poster und Postkarten von einst. Allerdings habe ich seit meinem Auszug nie mehr dort übernachtet. Gisela nutzt das Zimmer als Rückzugsort, wenn Eckhart zu laut schnarcht oder er sie aus anderen Gründen um den Schlaf bringt. Während sich ihr gemeinsames Schlafzimmer auf der ersten Etage befindet, liegt mein Jugendzimmer unter dem Dach, also im zweiten Stock. Tatsächlich ist es ein wenig abgelegen.

Als Holger ein weiteres Mal anrief, war die Ärztin gerade wieder gegangen. Eine eindeutige Diagnose konnte sie nicht stellen, dazu hätte sie ein Ultraschallgerät benötigt. Sie empfahl Gisela, in der Notaufnahme des städtischen Krankenhauses vorstellig zu werden. Dies lehnte meine Mutter kategorisch ab. Es ging ihr schon deutlich besser, ließ sie verlauten. Und, als hätte sie meine Gedanken gelesen, fügte sie hinzu, sie könne Eckhart nicht allein lassen. Mein Übernachtungseinsatz war also vom Tisch. Ich wollte dennoch Holger ablösen und mit meinen Eltern gemeinsam zu Abend essen. Dazu besorgte ich frische Brötchen, etwas Aufschnitt und Joghurt. Holger war froh, mich zu sehen. Die Launen unserer Eltern bringen ihn schnell auf die Palme, besonders wenn er durch unvorhergesehene Ereignisse von seiner Arbeit weggerufen wird. Einen halben Arbeitstag galt es nun herauszuarbeiten. So ist das mit der Selbstständigkeit: Man arbeitet selbst und ständig, sagt der Volksmund.

Wieder einmal hat Holger eine stressige Zeit mit unseren Eltern gehabt, wohingegen ich einen ganz entspannten Abend mit ihnen verbringen durfte. Bad luck, Bro! Aber was letztlich zählte, war natürlich, dass es unserer Mutter wieder gutging und sie und Eckhart in ihrem geliebten Haus bleiben konnten. Trotzdem drängte sich die Frage auf, was mit Eckhart passieren sollte, wenn Gisela den Pflege- und Betreuungsjob nicht mehr ausüben könnte.

Kurzzeitpflege

Giselas Unterleibschmerzen waren vermutlich psychosomatischer Natur. Mir kam es vor wie ein Nervenzusammenbruch. Holger sprach von einem „Hilferuf". Auf jeden Fall konnten wir nicht so tun, als wäre nichts gewesen, als ginge es Gisela körperlich und seelisch gut. Wir überlegten, ob unsere Mutter eine Kur machen oder in Urlaub fahren könnte. Beides lehnte sie strikt ab. Sie sei zu alt zum Verreisen und außerdem fühle sie sich in ihrem eigenen Haus immer noch am wohlsten. Das war die Antwort, die wir von beiden Eltern kannten. Es lief also auf einen Urlaub in den eigenen vier Wänden hinaus. Tatsächlich haben pflegende Angehörige ein Anrecht auf eine Auszeit, die acht Wochen im Jahr betragen kann. Es lag daher auf der Hand, für Eckhart eine Kurzzeitpflege in einem Heim in Anspruch zu nehmen. Die Vorstellung, einfach mal ohne ihren Ehegatten zuhause zu sein, gefiel Gisela. Sie ist nicht der Typ Mensch, der sich schnell einsam fühlt oder Angst vor Einbrechern hat. Sie plädierte für zwei bis drei Wochen.

Holger, definitiv der bessere Geschäftsmann von uns beiden, recherchierte, mailte, faxte und hatte im Handumdrehen einen Kurzzeitpflegeplatz in einer kirchlichen Einrichtung gefunden. Es ging, wie gesagt, um zwei bis drei Wochen. Das Problem war, dass Eckhart noch nichts von seiner Reise wusste. Wir mussten ihm den Heimaufenthalt so schmackhaft machen wie möglich. „Du hast dort Vollpension, ein Einzelzimmer mit Balkon, Dusche und WC. Es gibt einen Tag- und Nachtdienst. Darüber hinaus Spielegruppen, Gymnastik, Rudelsingen, eine Gartenanlage mit Terrasse und Fischteich. Ein Café, das an zwei Nachmittagen in der Woche geöffnet hat. Alles wie im Vier-Sterne-Hotel." Wir mussten Eckhart nicht belügen. Die Angaben stimmten. Nur übergingen wir die Tatsache, dass er dort auf Leute treffen würde, die genauso alt, krank und verwirrt wären wie er selbst.

Eckharts Begeisterung hielt sich in Grenzen. Zwar schien er nicht abgeneigt zu sein, etwas Neues zu erleben, doch machte er sich Sorgen wegen der Kosten, die auf ihn zukommen würden. Ich hatte schon erwähnt, dass er nie über seine Verhältnisse lebte und immer wusste, was Anschaffungen, Reparaturen und dergleichen kosteten. Die neue Haustür und die Stufen im Eingangsbereich waren seiner Ansicht nach zu teuer gewesen, und auch der Gärtner hatte ihnen zu viel Geld abgeknöpft. „Was hat der für einen Stundenlohn? Fünfzig Euro!“, rief er gerne über die ganze Straße. Bei der Entscheidung für oder gegen den Pflegeplatz ging es ihm nur ums Geld. Was wohl für Gisela das Beste wäre, interessierte ihn nicht. Daher brauchte es viel Geduld und die sprichwörtlichen Engelszungen, mit denen wir auf ihn einredeten, bis er einwilligte und alle nötigen Formulare unterschrieb. Aber immerhin: Wir waren einen erheblichen Schritt weiter.

Gisela macht Urlaub

Es war ein Vater-Tochter-Tag der besonderen Art, denn ich besuchte Eckhart nicht zuhause, sondern in der Nightingale-Pflegeeinrichtung. Ich weiß nicht, ob Holger dies beabsichtigt hatte: Ich konnte zu Fuß über die Bandwebertrasse in nur zwanzig Minuten dorthin gelangen. In derselben Zeit hätte ich mich mit dem PKW durch den Berufsverkehr schlängeln und anschließend auf Parkplatzsuche begeben können. So war es auf jeden Fall entspannter.

Das Zimmer hundertdrei war leicht zu finden, und Eckharts Name stand auch in großen Buchstaben und mit einer Verzierung versehen an der Tür. Ich dachte immer, aus Gründen des Datenschutzes würde man auf solche Namenschilder verzichten. Hier war ich froh, dass man den Datenschutz nicht über den Menschen stellte. Außerdem mussten die Pflegekräfte doch wissen, mit wem sie sprachen. „Herr Wilke, kommen Sie zum Kaffee in den Gemeinschaftsraum," hörte ich eine angenehme Männerstimme sagen. Aha, mein alter Herr war bereits unterwegs! Ich folgte der Beschilderung und fand den Gemeinschaftsraum mitsamt meinem Vater eine Ecke weiter. Als er mich sah, hatte er keine Lust mehr auf Kaffee und Plätzchen und wollte lieber mit mir allein sein. Er musste unter vier Augen mit mir reden: „Die kannste alle vergessen!“, schimpfte er und fügte hinzu: „Hier gibt es nur alte Leute!“ Was sollte ich dazu sagen? Ich begutachtete sein Zimmer und versuchte, positiv zu sein: „Schön warm hier. Genau das richtige für deine kalten Hände.“ Kein Kommentar seinerseits. „Was für ein toller Ausblick über das Tal! Links siehst du die Südhöhen und rechts blickst du nach Vohwinkel!“ Wieder kein Kommentar. „Ich finde dein Zimmer wohnlich.“ Daraufhin Eckhart: „Dann kannste dich ja hier anmelden!“ Das fand ich ausgesprochen schlagfertig und folgerte, dass es ihm gutging.

Er deutete auf mehrere Flaschen Mineralwasser, die für ihn bereitstanden: „Bah, das ist eine warme Suppe! Das kann man nicht trinken.“ Erstaunlich, dachte ich, zuhause trinken Gisela und Eckhart immer nur Getränke, die zimmerwarm sind. Wenn Saft im Kühlschrank steht, fügen sie ein wenig heißes Wasser hinzu, damit sie ihn besser vertragen.

Wir beschlossen, uns die Beine zu vertreten. Leider war das Wetter mal wieder hundsmiserabel, weshalb wir im Gebäude oder zumindest im überdachten Bereich der Außenanlage blieben. Wir bestaunten die Ausstellung selbst gemachter Wandbehänge im Erdgeschoss sowie die Rosentapete im Eingangsbereich. Ich meinte zu Eckhart: „Das ist ja alles piekfein hier.“ Und er nickte dazu. Das wollte etwas heißen, denn er hatte viele Jahre als kaufmännischer Angestellter im Bereich „Raumausstattung und Innendekoration“ gearbeitet. Er konnte fachmännisch anstreichen, tapezieren, Böden verlegen, Gardinen anbringen und so weiter. Das hatte er nach der Schule in einem recht exklusiven Betrieb in Düsseldorf gelernt.

Wir folgten den Hinweisschildern zum Café „Dolce“. Es roch nach frisch gebackenen Waffeln, seiner Lieblingsspeise. Doch hatte er keinen Appetit oder wollte kein Geld ausgeben. In einem hell erleuchteten Vorraum zur Kapelle stießen wir auf einen Automaten mit Getränken, Snacks und Kosmetika. Er liebäugelte mit einer Flasche Cola, war aber nicht in der Lage, den Automaten zu bedienen. Die zu wählenden Zahlen verschwanden nach so kurzer Zeit vom Display, dass er sie nicht einmal bemerkte. Mich beschlich das Gefühl, dass der Automat nicht für die Heimbewohner aufgestellt worden war, sondern fürs Personal oder Besucher. Klar hätte ich ihm das

Kaltgetränk ziehen können. Ich hatte aber Sorge, das Koffein würde ihn um den Schlaf bringen. Eine Nacht im Pflegeheim beginnt ja immer recht früh - direkt nach dem Abendessen sozusagen. Und wenn Eckhart nicht schlafen kann, ruft er alle möglichen Nummern auf seinem Handy an. Das ist oft keine gute Idee, vor allem nicht in der Nacht.

Die Kapelle hatte ihre Tore geöffnet. Eine Andacht stand unmittelbar bevor. Der große Raum mit Altar und Orgel war in ein goldbraunes Licht getaucht. Auf den Holzbänken saßen vereinzelt Personen. Einige Diakonissen bereiteten sich auf die Gebetsstunde vor. Da sagte Eckhart: „Pinguine“. Das war seine Art, abfällig über Nonnen zu sprechen. Der Begriff passte überhaupt nicht, denn die Frauen trugen graublaue Kostüme, die auf Kniehöhe endeten. Aber das war eben seine Assoziation mit Frauen, die ihr Leben Gott widmeten. Wir machten kehrt, denn mit Religion hat er es nicht so. Auf dem Weg zurück zu seinem Zimmer trafen wir auf eine Pflegekraft, die ganz eindeutig eine höhere Position innehatte. Ihre dunkelrote Uniform wirkte perfekt gebügelt, die Frisur frisch gestylt und das Makeup dezent gesetzt. Sie reichte meinem Vater die Hand und sagte lächelnd: „Herr Wilke, wie schön, dass Sie Besuch haben und einen Spaziergang machen.“ Als sie um die nächste Ecke gebogen war, zog Eckhart eine Grimasse und äffte sie in einer hohen Tonlage nach: „Herr Wilke, wie schön nja nja nja nja nja.“ Er hatte sie entlarvt, ihre Freundlichkeit kam ihm übertrieben und gespielt vor. Das mochte er nicht. Ich versuchte seine Stimmungslage einzuordnen. Einerseits waren seine Reaktionen weitgehend negativ, anderseits war es ein gutes Zeichen, dass er auf seine Umwelt reagierte. Und ein gewisses Maß an Kreativität war nicht zu leugnen. Ich bewertete seine Verfassung als gut.

Beim nächsten Besuch sollte sich zeigen, dass ich recht gehabt hatte. Seine Gemütslage war auf dem Tiefpunkt angekommen. Er empfing mich mit seinem „Ich will sterben"-Monolog. „Das Essen ist zum Kotzen. Es gab heute Matjeshering und Leber – widerlich!" Wahrscheinlich hatte er da etwas durcheinandergeworfen, aber ich konnte es nicht beurteilen. Der Ausruf: „Ich gehe auch nicht mehr in den Gemeinschaftsraum!", ließ mich aufhorchen. Das bedeutete, dass er den ganzen Tag allein auf seinem Zimmer hockte. „Was macht die

Gisela? Warum kommt die mich nicht besuchen?“ Mir war klar, dass er früher oder später diese Frage stellen würde. Hatte Gisela doch beschlossen, ihn nicht zu besuchen, weil sie es mit dem Urlaub von ihrem Mann ganz genau hielt. Auszeit war Auszeit, und ein Besuch würde bedeuten, dass sie eine lange Busreise auf sich nehmen und sich mit seinen Launen auseinandersetzen müsste. Sie hätte genug zu tun, ließ sie verlauten. Und außerdem wäre der Gärtner wieder da. Es war natürlich ein kluger Schachzug, den Gärtner in Eckharts Abwesenheit zu bestellen. Allerdings konnte man sich schon jetzt auf einen Wutausbruch einstellen, wenn Eckhart dies bei seiner Rückkunft bemerkte. Vor meinem geistigen Auge spielte sich die Szene mit dem Marmeladenglas ab. Aber einer von uns wäre zugegen – Holger oder ich.

Als pünktlich um halb sechs ein Pfleger den Kopf zur Tür hereinsteckte und fragte: „Herr Wilke, nehmen Sie die Mahlzeit auf dem Zimmer oder im Gemeinschaftsraum zu sich?", antwortete ich: „Wir kommen in den Gemeinschaftsraum." Manchmal muss man den alten Herrn zu seinem Glück zwingen. Er hatte Mühe, seine Pantoffeln anzuziehen. „Hier gibt es keinen Schuhanzieher", schimpfte er. „Den hättest du selber mitbringen müssen", erwiderte ich. Er stand vorsichtig auf und hakte sich bei mir unter. Die Vorstellung, dass ich ihn zum Essen begleitete, schien ihm zu gefallen. Im Gemeinschaftsraum saßen drei alte Herrschaften, zwei Frauen und ein Mann, die einen munteren und aufgeräumten Eindruck machten. Vor ihnen auf dem Tisch standen Namenschilder. So kam es, dass wir über die Namen sprachen. „Sommer ist ein wunderbarer Name“, sagte ich mit lauter Stimme. Die anderen nickten. „Schneider“ und „Michel“ konnte man sich auch gut merken. „Wilke“ hingegen war eine Herausforderung. Ich verwies auf den deutschen Dichter „Rilke“. Das fanden sie hilfreich. Das Abendessen bestand aus kleinen Brothappen mit Käse und gekochtem Schinken sowie einem Tomatensalat und einem süßen Joghurt. Mein Vater aß mit Appetit. Wie immer beim Essen schwieg er, während Herr Michel von der Handball-WM berichtete. Ok, wir waren im Viertelfinale gegen Portugal ausgeschieden. Mein Vater hatte das Spiel nicht gesehen, weil er abends früh schlafen ging. Schade, dachte ich bei mir. Vielleicht hätte er sich dafür interessiert.

Ich hatte nun live mitbekommen, dass die anderen alten Leute auf seiner Station durchaus als Gesprächspartner taugten und Eckhart derjenige war, der sich am schlechtesten artikulieren konnte. Seine Sprechwerkzeuge wollten ihm nicht mehr gehorchen. Er nuschelte und klang heiser, sodass die anderen Leute ihn nicht auf Anhieb verstehen konnten. Vielleicht hatte er das begriffen und wollte aus diesem Grund auf seinem Zimmer bleiben. Was das Essen anging, hatte er eine Show abgezogen – wie Holger sagen würde. Nichts von alledem war wahr.

Als ich zum dritten Mal in die Pflegeeinrichtung kam, war mein Vater komplett durch den Wind. Er suchte seine Wertsachen: „Schlüssel, Personalausweis, Busfahrschein, Versichertenkarte, Führerschein“. Ich erklärte, dass alles im Schließfach der Einrichtung aufbewahrt werde, fand damit aber keine Beachtung. Er steckte wieder einmal in einer Gedankenschleife fest. „Schlüssel, Personalausweis, Busfahrschein, Versichertenkarte, Führerschein, Schlüssel…“ Seine innere Unruhe zeigte sich auch in einer starken Zitterbewegung der rechten Hand. In der Hoffnung, er würde auf andere Gedanken kommen, führte ich ihn aus dem Zimmer. Diesmal gingen wir ins Café Dolce und bestellten eine Waffel für uns zwei. Ich bezahlte. Besonders begeistert war er vom Orangensaft, den es dort gab. Es war nur eine kleine Flasche, aber sie war kalt. Er trank sein Glas in einem Zug aus und machte ein lautes Ah-Geräusch, als hätte er schon lange nichts mehr zu trinken bekommen. „Du könntest in die Fernsehwerbung gehen“, war meine Reaktion. Er ging nicht darauf ein. „Holst du mir noch so ne Flasche?“, war sein Wunsch. Manchmal konnte man ihm mit kleinen Dingen eine große Freude machen. Das fand ich rührend und organisierte eine weitere Flasche Saft. Die filmreife Trinkszene spielte sich ein zweites Mal ab. Es wurde mir bewusst, in welch hohem Maße man in solch einem Pflegeheim fremdbestimmt ist. Zimmerwarmes Mineralwasser stand in großen Mengen herum. Wollte man einen Saft trinken, musste man sich an die Pflegekraft wenden. Das war schon eine gewisse Hürde. Und kalt waren die Getränke, die es auf der Station gab, alle nicht.

Eckhart hatte genug vom Pflegeheim. „Kannst du mich nach Hause fahren?“, fragte er. Zum Glück war ich zu Fuß gekommen, sodass ich wahrheitsgemäß „nein“ antworten konnte. Ich versuchte mir Giselas Reaktion vorzustellen, wenn ich den alten Herrn drei Tage früher als geplant nach Hause bringen würde. Es war alles vertraglich geregelt, also musste er noch bleiben.

Es ist ein Dilemma: Auf der einen Seite ist Eckhart ein mündiger Bürger, den man nicht gegen seinen Willen in einer Einrichtung festhalten darf, auf der anderen Seite kann er sich nicht selbst versorgen und ist auf eine Pflegekraft angewiesen. Wie sollte man dieses Problem lösen? Es wäre natürlich geschickter gewesen, wenn die pflegende Angehörige tatsächlich verreist wäre. Dann hätte man mit Fug und Recht sagen können: „Es ist niemand da, der dich versorgt. Also musst du für zwei Wochen in ein Heim." Das hätte er verstanden. Aber da Gisela zuhause war, sah Eckhart nicht ein, warum er nicht auch zuhause sein durfte. Er begriff sich nicht als Pflegefall und hatte keine Ahnung, wie viel Arbeit er anderen Leuten machte.

Ich hörte einmal von dem Recht auf Verwahrlosung. Von diesem Recht würde Eckhart sofort Gebrauch machen, wenn man ihn nur ließe: Nie mehr duschen, umziehen, rasieren, kein Frisör, keine Pediküre, sich treiben lassen und sterben, wäre sein Motto. Aber in unserer Gesellschaft geht sowas nicht, zumindest dann nicht, wenn die Pflegekasse für entsprechende Dienste aufkommt.

Ich denke viel darüber nach, was die Jahre vor dem Tod für einen bereithalten. Nicht viel Schönes, würde ich sagen. Gisela und Eckhart sind gute Beispiele dafür. Mein Vater wäre ohne Antidepressiva längst zugrunde gegangen. Eigentlich müsste die Dosis auch wieder erhöht werden, aber stärkere Nebenwirkungen möchte man auch nicht in Kauf nehmen. Gisela, ihrerseits, plagt sich mit einem Ehemann, der sich wie ein trotziges kleines Kind verhält. Und das Bittere daran ist, dass ihre Ehe alles andere als harmonisch war. Wahrscheinlich bedauert sie heute, sich nicht getrennt zu haben.

Als ich diesen Satz niederschreibe, fällt mir auf, wie anmaßend es ist, über die Ehe der eigenen Eltern urteilen zu wollen. Okay, ich war als Kind und Jugendliche Haut nah dabei, doch fehlte mir gewiss der Weitblick, um Streitigkeiten richtig einordnen zu können, zumal man vom Intimleben der Beiden nie etwas mitbekam. Sie tauschten nur äußerst selten vor uns Kindern Zärtlichkeiten aus. Aber das entsprach wohl dem Zeitgeist der siebziger und achtziger Jahre und bedeutete nichts. Als ich dann zu

Beginn meines Studiums von zuhause auszog, habe ich nur noch sporadisch etwas von ihren Ehe-Problemen mitbekommen. Vielleicht wäre es besser, sich mit den Dingen zu befassen, die in der Beziehung meiner Eltern gut funktionierten. Und da gäbe es einiges zu berichten – wie zum Beispiel von ihren Reisen, ihrer Begeisterung fürs Standard-Tanzen, dem alljährlichen Kommilitonen-Treffen und ihrer Liebe zur Rehfeldstraße.

Nachbarkinder

Meine Eltern haben – wie gesagt - zahlreiche gemeinsame Interessen, sind sich dessen aber nicht bewusst, würde ich sagen.

Sie mögen zum Beispiel Kinder jeder Altersgruppe und sind richtig neugierig, was den Nachwuchs in der Rehfeldstraße angeht. Wenn meine Eltern vor die Haustür treten, kommt kein Kind an ihnen vorbei, ohne in ein Gespräch verwickelt zu werden. Ihnen unbekannte junge Personen löchern sie mit Fragen wie: „Na, wer bist du denn?“, „Bist du zu Besuch hier?“ oder „Dich kennen wir ja noch gar nicht!“ und so weiter. Sie finden auf jeden Fall heraus, zu welcher Familie das Kind gehört und warum es alleine durch die Gegend läuft. Bei ihnen bekannten Kindern und Jugendlichen geht es dann um die Themen „Schule und Freizeit“: „Ist die Schule schon aus?“, „Was ist dein Lieblingsfach?“, „Bist du gut in Mathe?“ „Spielst du ein Instrument?“ et cetera. Viele Kinder plaudern dann tatsächlich aus dem Nähkästchen und geben „Interna" – wie ich es nennen würde – preis. Es ist auch schwer, sich dem zu widersetzen.

Ich konnte das als Jugendliche auch nicht, weshalb ich manch einen Umweg in Kauf nahm, um unangenehme Situationen zu vermeiden. Es gab einen Nachbarn, einen älteren Mann, der sich einmal bei Oma Luise darüber beschwerte, dass ich ihn nicht grüßen würde. Oh, da bekam ich aber was zu hören! Infolgedessen tat ich alles, um ihm nie wieder zu begegnen. Das war möglich, weil die Rehfeldstraße über eine kleine Gasse verfügte, die eine direkte Verbindung zur Hauptstraße bildete. Man musste nicht durch die Wohnsiedlung laufen, man konnte über das Gässchen zur nächsten Bushaltestelle, zum Supermarkt oder in Richtung Schule gelangen.

Meine Eltern lieben ihre Nachbarkinder und vor allem die Albrecht-Kinder aus der Doppelhaushälfte. Von ihnen sprechen sie immer in den höchsten Tönen: „Der Julius singt jetzt im Knabenchor. Das ist ein ganz gescheiter und musikalischer Junge. Aber der hat es nicht leicht mit den großen Geschwistern. Und die Älteste, Rebecca, die ist ehrgeizig. Die will zur Polizei. Deshalb fährt sie nicht mit in Urlaub.“ In dieser Art äußert sich Gisela bisweilen über ihre nächsten Nachbarn. Das hat Anklänge von Loriot – da sind Holger und ich uns einig. Übrigens hängt bei meinen Eltern in der Küche, schön auf Augenhöhe am Oberschrank, eine Weihnachtskarte, die ein Familienfoto der Albrechts zeigt. Da muss man unweigerlich hingucken: strahlende Gesichter, deren Ähnlichkeit frappierend ist. Als Küchenbesucher fragt man sich, welchen Stellenwert diese Leute in Gisela und Eckharts Leben haben. „Ganz oben auf der Liste“, würde Eckhart dazu sagen.

Pflegedienst und Tageszeitung

Mir kommt gerade der Gedanke, dass ich mehr über Oma Luise erzählen müsste - wohnte sie doch bis zu ihrem Tod mit uns in der Doppelhaushälfte. Und wie das Schicksal es wollte, wurde sie zuletzt von ihrer Tochter Gisela gepflegt, die zu diesem Zeitpunkt schon im Ruhestand war. Interessanterweise kümmerte sich derselbe Pflegedienst, der heute für Eckhart zuständig ist, auch um Oma Luise, damals in erster, heute in zweiter Generation tätig. Für meine alten Herrschaften hat dies den enormen Vorteil, dass sie sich keinen neuen Namen mehr merken müssen. „Am Donnerstag kommt Herr Günther“, so lautete das Motto vor fünfundzwanzig Jahren und heute immer noch. Während sich meine Oma für den aus ihrer Sicht jungen Herrn Günther sehr begeistern konnte, sieht Eckhart dem Besuch des Juniorchefs eher missmutig entgegen, denn dessen Auftrag lautet: Herrn Wilke duschen und Maßnahmen der Körperpflege durchführen. Eigentlich könnte Eckhart viele dieser Tätigkeiten selbstständig oder zumindest mit Giselas Hilfe, aber das Problem ist, dass er nicht will. Manchmal hat er die geistige Reife eines dreijährigen Kindes. Obgleich Gisela über ein gutes Durchsetzungsvermögen verfügt, ist ihr das Theater um die

Ganzkörperpflege ihres Mannes zu viel geworden. Außerdem genießt sie ihre freie Zeit, wann immer sich jemand anders um Eckhart kümmert.

Meine Mutter liest leidenschaftlich gerne die Westdeutsche Zeitung. Man könnte sagen, es ist ihr Hobby. Eine halbe Stunde am Tag und sie ist deutlich entspannter und zufriedener. Nicht selten findet sie die Informationen derart interessant, dass sie ganze Artikel ausschneidet, um sie an eine Pinnwand zu heften oder anderen Familienmitgliedern zuzustecken. Egal, ob es um Igel, Katzengras oder eine Ausstellung im Von-der-Heydt-Museum geht, Gisela schneidet akkurate rechteckige Löcher in die Tageszeitung. Allerdings wissen ihre Enkelkinder mit den ihnen zugedachten Artikeln nicht immer etwas anzufangen. Im Gegenteil finden sie das allzu „old school“. Sie bedanken sich höflich und vergessen am Ende des Tages, den Papierschnipsel mitzunehmen. Immerhin, man hat sich über die Igel im Garten, das Katzengras für Trixi oder die aktuelle Kunstausstellung unterhalten. Das ist, worum es Gisela eigentlich geht.

Die dritte Generation

Gisela und Eckhart sind stolz auf ihre drei erwachsenen Enkelkinder: Charlotte, Anton und Lu. Ich habe es bisher vermieden, über die junge Generation in unserer Familie zu berichten, weil ich mir nicht vorstellen kann, dass sie Gegenstand meiner Erzählungen sein möchten. Außerdem wären sie von allen Beteiligten am längsten mit dem konfrontiert, was ich über sie sage. Luise junior, genannt Lu, könnte auf jeden Fall ein eigenes Buch schreiben, so spannend ist ihr Werdegang - nein, „sein“ Werdegang. Ich weiß mal wieder nicht, welches Personalpronomen ich verwenden soll. Tatsache ist, die deutsche Sprache verfügt über kein zutreffendes Fürwort, um den Namen Lu zu ersetzen, weshalb einfach immer nur „Lu“ zu verwenden ist. So hat es sich Lu gewünscht. Allerdings gerate ich als Tante in die Bredouille, wenn ich nun von meiner Nichte spreche. Soll ich „Neffe“ sagen? Oder muss eine neue Wortschöpfung her – vielleicht „Nefte“? Jetzt klingt es lächerlich, das muss ich zugeben. Wahrscheinlich würde Lu sagen, dass es völlig unnötig ist, das Verwandtschaftsverhältnis derart präzise bezeichnen zu wol-

len. „Sag doch: Das Kind von meinem Bruder“, wäre vermutlich Lus Kommentar.
Während Gisela sich mit Lus Situation auseinandergesetzt hat und sich ganz viel Mühe gibt, keine weiblichen Fürwörter oder ähnliches zu benutzen, ist die Diskussion an Eckhart vollständig vorbeigezogen. Aber Lu nimmt es ihm nicht übel. Früher war Lu oft nicht gut auf Opa Eckhart zu sprechen, doch mittlerweile ist Lu ein vernünftiger, rücksichtvoller und empathischer Mensch.
Obwohl die Enkelkinder nun erwachsen sind und in der Lage wären, Eckhart zu betreuen, machen sie sich in dieser Hinsicht rar. Aber eigentlich kann ich es ihnen nicht verübeln. Holger und ich mussten Oma Luise auch nicht pflegen. Nichtsdestotrotz nehmen sie am Familienleben teil, feiern mit uns Geburtstage, Ostern, Weihnachten

oder kommen einfach mal überraschend zu Besuch. Gisela und Eckhart sind leidenschaftlich gerne Großeltern. Ihre Laune ist gleich viel besser, wenn die jungen Leute mit von der Partie sind. Eckhart bleibt dann seltener in seinen verbalen Endlosschleifen hängen und macht auch schon mal einen Scherz. Das führt zu allgemeiner Heiterkeit, weil es einfach schön ist, ihn so zu erleben. Ich staune auch, wie gut meine Eltern ihren Enkeln zuhören können. Sie merken sich alles, was Charlotte, Anton und Lu ihnen erzählen. Mag sein, dass es ums Reisen geht, um die Arbeit oder die Wohnsituation. Am nächsten Tag werden sie ihren Nachbarn jedes Detail wiedergeben können.

Daher würde ich ausschließen, dass Gisela dement ist, mal abgesehen von einer ihrem Alter angemessenen Vergesslichkeit. Doch wie steht es um Eckhart?

Handelt es sich um Demenz?

Wenn man seine Endloserzählungen oder Schallplatten - wie ich sie nenne – hört, hält man Eckhart gewiss für dement. Er sucht auch oft nach Bezeichnungen oder verwechselt Dinge wie zum Beispiel „Löffel“ und „Bürste“, „Helm“ und „Hut“ oder „Vespa“ und „Isetta“. Um auszudrücken, dass etwas Priorität hat, sagt er: „Das ist ganz oben“. Ein Sprachwissenschaftler könnte sicherlich interessante Schlüsse daraus ziehen. Kurz kommt mir Professor Dieter Wolff in den Sinn, der solche Wortsammlungen anfertigte, wenn ich mich recht entsinne.

Eckhart ist deutlich besser aufgestellt, was seine mathematischen Fähigkeiten angeht. Er überschlägt, was er im Restaurant bezahlen muss, weiß, was sein Busticket und der Frisörbesuch kosten oder fragt sich, was für einen Stundenlohn der Gärtner berechnet hat. Jan meint, man merkt deutlich, dass Eckhart einen kaufmännischen Beruf ausübte.

Trotz seiner Affinität zu Zahlen, kann sich mein Vater Zahlencodes nicht mehr merken. Ein großes Problem ist die Pinn-Nummer seiner Bankkarte. Früher hatte er sie auf einem Zettel stehen, den er in seiner Brieftasche aufbewahrte. Doch seit dem Diebstahl dieser Dinge und der anschließen-den Plünderung seines Kontos, verzichtet er auf derartige Notizen. Gut, dass Gisela in der Lage ist, sich Zahlen zu merken. Wenn es wieder an der Zeit ist, Geld abzuheben, fragt Eckhart meine Mutter alle fünf Minuten, wie seine Geheimzahl lautet. Das tut er auch in der Öffentlichkeit, also im Bus, in der Fußgängerzone oder vor dem Geldinstitut seines Vertrauens. Dieses Verhalten macht Gisela richtig wütend. Sie schimpft dann, fuchtelt mit ihrem Schirm herum und schüttelt den Kopf über so viel Dummheit und Unvermögen.

Kurz vor Weihnachten gab es eine lustige Begebenheit. Meine Mutter war losgezogen, um für meinen Vater Geld abzuheben. Viel Geld, denn er beabsichtigte, seinen Enkeln zu Weihnachten großzügige Geldgeschenke zu überreichen. Ich war zu Besuch, um Eckhart Gesellschaft zu leisten. Als meine Mutter aus der Stadt zurückkam, entfernte sie als erstes ihr Hörgerät, denn sie kam damit nicht zurecht: Immer war es falsch eingestellt. Die lauten Geräusche taten ihr in den Ohren weh, und die leisen Stimmen konnte sie nicht verstehen. Nun wollte mein Vater wissen, welche Geldsumme sie von seinem Konto abgehoben habe. Sie antwortete sichtlich genervt: „sechsunddreißig – neunundsiebzig“, woraufhin Eckhart mich anschaute und sagte: „Die spinnt doch!“ Ich habe selten so gelacht. Gisela hatte seine Frage nicht verstanden und war davon ausgegangen, er würde zum hundertsten Mal an diesem Tag nach seiner Pin-Nummer fragen. Daher das Missverständnis. Mein Vater hatte seine Geheimzahl nicht wiedererkannt, weshalb man ihm ein gewisses Maß an Demenz attestieren konnte.

Die „Bad Sassendorf-Schallplatte“

Wenn ich mich hier der „Plattensammlung“ meines Vaters widme, meine ich nicht die echten Vinyls oder CDs, sondern seine endlosen Monologe, die er abspult, wenn er unruhig oder nicht so gut drauf ist. Wobei es auch fröhliche und enthusiastische Schallplatten gibt, die eigentlich Ausdruck eines positiven Gefühls sein müssten. Einerseits zeugen sie von einer inneren Unruhe, aber anderseits versprühen sie so viel positive Energie, dass man nichts Schlechtes daran finden kann. Eckharts Bad Sassendorf-Monolog wird meist dadurch ausgelöst, dass Familienmitglieder von Urlaubsreisen berichten. Er begreift beispielsweise nicht, warum Jan und ich nach Hamburg oder Heidelberg gereist sind, aber noch nie in Bad Sassendorf waren. Bad

Sassendorf ist Eckharts Sehnsuchtsort Nummer eins. Und die Schallplatte beginnt wie folgt:

„Ihr müsst mal nach Bad Sassendorf fahren. Zu der Familie Ventura. Da ist das Frühstück fantastisch. Frau Ventura macht das Frühstück, während die Gäste noch schlafen. Man steht auf, geht in die Küche, und alles steht bereit: Obst, Brötchen, Käse, Wurst, Eier, Joghurt, einfach alles. Fantastisch. Da müsst ihr mal hinfahren. Und das Licht in der Wohnung geht automatisch an. Alles ist vom Feinsten. Den Innenausbau hat Herr Ventura selbst gemacht. Der kann was. Der hat eine Baufirma. Aus dem Fenster schaut man in den Garten und auf einen Teich mit großen bunten Fischen. Den hat Herr Ventura selbst angelegt."

Eckhart kommt aus dem Schwärmen nicht

mehr raus. Am besten unterbricht man ihn nicht, sondern hört ihm andächtig zu und lässt sich von seiner Begeisterung anstecken. Die Momente, in denen er so fröhlich und energiegeladen ist, sind selten genug. Man muss sie einfach auf sich wirken lassen. Jan und ich strahlen uns dann vielsagend an und bekunden, ganz bald nach Bad Sassendorf reisen zu wollen. Das Rätselhafte ist, man erfährt von Eckhart nichts über den Ort selbst, seine besonderen Vorzüge als Bad. Ich würde vermuten, dass Gäste dort schwimmen gehen, im Thermal- oder Wellnessbad. Aber vielleicht ist es auch ein Luftkurort. Mein Vater äußert sich nicht dazu. Daher beschließe ich, dies bei Gelegenheit zu googeln.

Ein ganz pikantes Detail tritt zutage, wenn man meine Mutter nach ihren Erinnerungen an Bad Sassendorf fragt. Ja, sie bestätigt, vor vielen Jahren mit Eckhart dort gewesen zu sein. Aber in ihrer Geschichte kommen keine Übernachtungen vor. Keine Venturas und kein erstklassiges Frühstück. Was Gisela erlebte, waren Tagesausflüge. Schließlich sei Bad Sassendorf mit dem Auto oder der deutschen Bahn schnell und bequem zu erreichen. Das leuchtet uns ein. Warum Eckhart dort genächtigt hatte, bleibt also unserer Fantasie überlassen.

Liebe und Liebeskummer

Wie schon in früheren Kapiteln angedeutet, nahm mein Vater es mit der Treue nicht so ernst. Die in Bad Sassendorf verbrachten Nächte in der legendären Pension Ventura hatten einen gewissen Beigeschmack – ein Gschmäckle – wie die Schwaben sagen würden. Eckhart hatte dort mit seiner Freundin, seiner Affäre, Liebschaft oder wie auch immer man es nennen mag, wenn ein Mann neben der Ehefrau noch eine andere Partnerin hat, Urlaub gemacht.

Holger und ich lebten zu der Zeit schon längst nicht mehr in der Rehfeldstraße und hatten mit unseren eigenen Familien genug zu schaffen, um vom Doppelleben unseres Vaters etwas mitzubekommen. Doch offenbarte sich dieses eher in der Retrospektive und war seiner Unvorsichtigkeit geschuldet. Ich vermute, er hatte irgendwann keine Lust mehr, seine Beziehung zum „Liebchen“ geheim zu halten und wollte auf Gisela keine Rücksicht mehr nehmen. So kam es, dass er in der Fußgängerzone unseres Wohnortes mit dieser Frau gesichtet wurde.

Eine Großstadt kann klein sein, wenn man dort sein ganzes Leben verbringt. Jedenfalls kam Holger und mir die Neuigkeit zu Ohren, und Gisela war auch schon von Nachbarn darauf angesprochen worden. Nachvollziehbar, dass sie sehr böse auf ihn war. Wie sich zeigte, ging es ihr aber weniger um den Tatbestand des Fremdgehens als um seine Unverfrorenheit, die andere Frau so in der Öffentlichkeit zu zeigen. Offensichtlich hatte sich unsere Mutter damit abgefunden, dass Eckhart eine Freundin hatte. Der Deal bestand aber anscheinend darin, dass diese Beziehung geheim bleiben sollte.

Eines Tages schilderte Gisela uns Kindern, wie Eckhart an seine Freundin gekommen war. Absurd, wie das Leben manchmal ist, war Gisela bei der ersten Begegnung dabei gewesen. Meine Eltern gingen gerne auf Tanztees für die Generation der jungen Alten, also Menschen im Rentenalter, die noch geistig und körperlich fit sind und ein aktives Leben führen. Sie besuchten die unterschiedlichsten Veranstaltungen und entwickelten gewisse Vorlieben, was die Räumlichkeiten, den DJ, die Live-Musik oder die tanzenden Gäste anging. Wo auch immer sie hinkamen, waren die Männer in der Unterzahl. Das führte dazu, dass sich mein Vater wie ein Hahn im Korb fühlen konnte, war er doch ein begehrter Tanzpartner. Warum ließ Gisela es zu, dass er mit anderen Damen tanzte? Wahrscheinlich brauchte sie einfach öfter mal eine Pause, wohingegen Eckhart die Situation voll und ganz auskosten wollte. Sie saßen dann auch mit anderen Leuten zusammen, tranken Kaffee, Sekt oder Soda und unterhielten sich.

Bei dieser Gelegenheit lernten sie eine nette Dame kennen - so Giselas Worte. Sie war Witwe und besuchte die Tanzveranstaltung allein. Von daher lag es auf der Hand, dass sie sich die Tanzpartner anderer Frauen ausleihen musste. Es waren, wie gesagt, nicht viele Männer zugegen, weshalb es nichts Besonderes war, dass Eckhart und sie ein Tänzlein wagten.

Ich kenne die Geschichte nur aus den Erzählungen meiner Mutter, in denen sie gerne die Bezeichnung „Liebchen“ für Eckharts Freundin wählt. Ehrlich gesagt, wollte ich auch nie wissen, wie die Dame mit bürgerlichem Namen heißt. Ich dachte, das außereheliche Liebesleben meines Vaters tangiert mich nicht. Doch musste ich diese Haltung nach und nach aufgeben. Und weil ich den Namen „Liebchen“

furchtbar finde, nenne ich sie jetzt einfach „Rosemarie“.
Vieles, was mir Eckhart in letzter Zeit über Rosemarie erzählt hat, deutet auf eine echte Liebesbeziehung hin. Ich glaube, sie haben sich beim Tanztee ineinander verliebt, und meine Mutter saß dabei und winkte aus der Ferne. So stelle ich es mir vor.
Rosemarie lebte oder lebt in Hagen, einer Nachbarstadt. Ich war dort mal in einem sehr schönen Kunst-Museum, ansonsten fand ich den Ort eher uninteressant. Doch Eckhart sieht das anders: Es ist der Ort seiner Träume. Und wenn er sich etwas wünschen dürfte, so wäre es ein Ausflug nach Hagen mit Holger oder mir. Das Problem ist jedoch, dass Rosemarie ihn nicht mehr treffen möchte. Mal ganz abgesehen davon, dass ich ihre Adresse nicht kenne und Eck-

harts Wegbeschreibungen wohl kaum hilfreich wären, will seine Freundin, oder besser Ex-Freundin, ihn einfach nicht sehen. Eckhart erwähnte, dass sie sich seit der Geburt eines Enkels von ihm abgewandt habe. Aber wer kennt schon die wahren Beweggründe ihres Rückzugs?

Vielleicht konnte sie mit seinen Depressionen nicht umgehen, vielleicht auch nicht mit seinem körperlichen Verfall. Mag sein, dass sie in ihrem Oma-Dasein völlig aufgeht oder sie jemand Neuen kennengelernt hat. Ich habe keine Ahnung, was vorgefallen sein könnte. Ich weiß nur, dass wir sie nicht besuchen fahren werden. Holger, der das genauso sieht, entschied sich für andere Ausflugsziele - zum Beispiel Eckharts Elternhaus in Radevormwald oder seinen ersten Arbeitsplatz in Düsseldorf. Unser Vater hat sich dafür interessiert und war dankbar, dass Holger eine Tour mit ihm unternahm. Doch von dem Gedanken, Rosemarie aus Hagen wiederzusehen, haben die Ausflüge ihn nicht abbringen können.

Es kommt nicht selten vor, dass er in der Küche steht, den Telefonhörer in der Hand, und eine Nummer wählt, die er auswendig kann. Leider springt am anderen Ende immer nur der Anrufbeantworter an. Aber dies hält ihn nicht davon ab, eine Nachricht zu hinterlassen: „Melde dich mal!“ oder „Ich möchte dich besuchen kommen“, spricht er wie selbst verständlich nach dem Piepton. Sicherlich hat er ihr schon viele hundert Nachrichten auf den AB gesprochen. Es ist traurig, zu sehen, wie geknickt er jedes Mal ist, wenn er so ins Leere telefoniert. Manchmal sage ich zu ihm: „Freundschaft kann man nicht erzwingen“

oder „Du hast doch Gisela – das sollte reichen!“ Doch kann ich sagen, was ich will, in Sachen „Rosemarie“ ignoriert er meine Kommentare.

Für unsere Mutter ist es auch nicht gerade angenehm, hautnah mitzubekommen, dass der Mann an ihrer Seite, der Mann, mit dem sie seit sechzig Jahren verheiratet ist, eine andere Frau verehrt. Manchmal, wenn sie sich über Eckhart ärgert, schimpft sie: „Kann dein Liebchen dich nicht aufnehmen und pflegen?“ - oder so ähnlich.

Man fragt sich, was das für eine Existenz ist, so alt, gebrechlich, depressiv und obendrein von Liebeskummer gebeutelt. Möchte man seine letzten Jahre so verbringen? Nicht weniger Mitgefühl sollte man Gisela entgegenbringen. Statt einen ruhigen Lebensabend zu verbringen, arbeitet sie rund um die Uhr als Pflegekraft für einen Menschen, der ihr nicht sehr zugetan ist.

Ich denke, unsere Gesellschaft benötigt noch ganz andere Konzepte, um den uralten Menschen gerecht zu werden. Es braucht ein flexibleres System mit einem Höchstmaß an Freiheiten für die pflegebedürftige Person und einer soliden Unterstützung vonseiten der Pflegeinstitutionen. Mir gefällt die Idee vom sogenannten Generationen-Wohnen, doch funktioniert sie nur, solange die alten Leute ihren Beitrag zum Leben in der Gemeinschaft beisteuern können. Im Falle meiner Eltern scheitert sie, denn da ist nichts, was sie einer jungen Familie geben können. Oder? Je länger ich darüber nachdenke, desto mehr Dinge fallen mir ein, die für andere Leute von Bedeutung sein könnten: Meine Eltern verfügen über viel Wohnraum, über einen Garten, einen Balkon und eine Garage ohne Auto. Vielleicht könnten sie diese materiellen Dinge mit einer jungen Familie teilen und im Gegenzug dafür Hilfe im Alltag bekommen. Ich muss an die marokkanische Familie denken, deren Kleingarten an das Grundstück meiner Eltern grenzt.

Die Schallplattensammlung meiner Eltern

All jene, die gehofft hatten, in diesem Roman etwas über den Musikgeschmack der Hauptfigur Eckhart Wilke zu erfahren, sind bisher enttäuscht worden. Der Musik kommt hier keine besondere Bedeutung zu. Dennoch muss sie nicht ausgeklammert werden, denn Gisela und Eckhart verfügen über zahlreiche Langspielplatten, neudeutsch „Vinyls“, und CDs.

All jene, die nun hoffen, eine musikalische Zeitreise in die sechziger oder siebziger Jahre unternehmen zu können, werden erneut enttäuscht werden, denn meine alten Herrschaften stehen auf klassische Musik. Eventuell noch auf Latino- oder Bigband-Klänge, vorausgesetzt man kann dazu tanzen. Es stimmt: Holger und ich sind in den wilden Sechzigern gezeugt worden, das bedeutet aber nicht, dass unsere Eltern Rock'n'roll hörten und Drogen konsumierten. Ich behaupte, sie wissen nicht einmal, was „Woodstock“ ist. Tatsächlich würden sie Musikrichtungen wie Hardrock oder Techno als „Bumsmusik“ bezeichnen.

Diese Wortschöpfung hat nichts mit Sex zu tun, sondern bezieht sich wohl auf den lauten und monotonen Klang solcher Musik. Ich möchte mir eigentlich nicht vorstellen, wie mein Bruder und ich gezeugt wurden, aber die Wahrscheinlichkeit ist recht hoch, dass es bei Robert Schumann passierte. Immerhin Romantik!

Manchmal verwechsele ich auch Schubert und Schumann, weil mein Vater viele Lieder dieser beiden Komponisten rauf und runter sang. Es war ein Zeichen seiner guten Laune und geschah nicht nur unter der Dusche, sondern auch bei Arbeiten im Haus oder Garten. Ich sehe ihn vor meinem geistigen Auge, wie er im Feinripp-Unterhemd, schwitzend, eine alte Tapete von der Wand reißt und dabei „Feinsliebchen du sollst mir nicht barfuß gehen“ zum Besten gibt.

Er konnte aber auch die ein oder andere Arie schmettern. Im Urlaub in Österreich hatten Gäste ihn einst für einen Sänger gehalten. Vielleicht wollten sie ihm auch nur schmeicheln. Ich mochte es, wenn er „Wie eiskalt ist dein Händchen“ aus Puccinis Oper „La Bohème“ intonierte. Schade, dass es in meiner Jugend keine Castingshows gab. Eckhart hätte der Jury einen ultimativen Gänsehautmoment verschaffen können – ganz im Stile eines Paul Potts.

Die Schallplattensammlung meiner Eltern, die heute noch im Wohnzimmer neben der Stereoanlage steht, umfasst hauptsächlich Symphonien, Opern und Tanzmusik. Man staunt über die jungen Gesichter einer Anneliese Rothenberger, eines Hermann Prey oder Peter Schreier, die vom Plattencover herabschauen. Würde sich Anneliese Rothenberger heute noch die „Ehre geben“, würde Eckhart die Show sicher im Fernsehen verfolgen. Leider interessiert ihn nichts mehr von all dem, was die vielen TV-Sender aktuell zu bieten haben. Manchmal kann Gisela ihn überreden, Fußball oder Handball zu gucken, aber aus eigenem Antrieb würde er die Flimmerkiste nicht einschalten. Meine Eltern hören gelegentlich Radio, doch ihre CDs und Vinyls haben sie seit Jahren nicht mehr angerührt. Dass Eckhart nicht mehr singt, kann man sich denken. Depressiven Menschen ist nicht nach Singen zumute, oder? Andererseits könnte Gesang ihm helfen, sich besser zu fühlen. Ich überlege, wie wir ihn dazu bringen könnten, wieder Musik zu machen. Da fällt mir ein, dass es in dem Kurzzeitpflegeheim, in dem er Anfang des Jahres untergebracht war, einmal in der Woche eine Mitsing-Veranstaltung gab. Mein Vater und ich hatten darüber gesprochen, aber letzten Endes ist er nicht dorthin gegangen. Man muss ihn eigentlich immer zu seinem Glück zwingen, ansonsten passiert gar nichts, bleibt er auf seinem Zimmer oder geht ins Bett. Mit Pantoffeln und Wollmütze, versteht sich.

Ich denke, meine Eltern haben noch ein paar gemeinsame Jahre vor sich. Eckhart weiß das nicht zu schätzen, möchte er doch am liebsten heute schon „einschlafen und nicht mehr aufwachen" – wie er zu sagen pflegt. Gisela traue ich zu, hundert Jahre alt zu werden, fit wie sie ist. Sie selbst würde dem allerdings widersprechen. Hat sie doch viel zu viel Stress mit ihrem Mann. Es ist aber auch müßig sich auszumalen, wie es wohl weiter-geht. Es geht einfach weiter. Irgendwie.

„Dein Roman ist zu kurz geraten“, wird Jan mir vorhalten. „Niemand wird ein so kurzes Buch lesen wollen“, höre ich ihn sagen. Aber diese Logik finde ich komisch. Wenn jemand ein umfangreiches Werk nur zum Teil liest, läuft es auf dasselbe hinaus. Dann wäre die Person doch besser beraten, von vorneherein eine kurze Lektüre zu wählen. Ich als Leserin hätte jedenfalls kein Problem damit. Ganz im Gegenteil: Meine Vorliebe galt schon immer Kurzgeschichten – eine von Alice Walker, die nur drei hundert Wörter umfasst, war im Studium mein absoluter Favorit. Ich hatte mir immer vorgestellt, sie einmal im Englischunterricht der Oberstufe zu thematisieren. Doch es kam nicht dazu.

Schluss ohne Todesfall

Endlich ist die kalte Jahreszeit überstanden und es besteht die Chance, dass mein Vater wieder durchgehend warme Hände hat. Den Gärtner hat Gisela schon bestellt. Er wird den Garten schon bald auf Vordermann bringen. Dann werden wir bei gutem Wetter auf der Terrasse sitzen und Kaffee trinken oder auf der Liege ein Nickerchen machen. Wie schön! Der Sommer ist auf jeden Fall die angenehmere Jahreszeit, was die Bedürfnisse alter Menschen betrifft.

Mit Kindern ist es kaum anders: Auch sie genießen es, mit wenig Kleidung und leichten Schuhen im Freien herumzutoben. Überhaupt haben Kinder und alte Menschen Vieles gemein. Nur, dass sich Kinder im positiven Sinne entwickeln und alte

Leute zunehmend abbauen, krank und gebrechlich werden. Die Pflegetätigkeit, die eigentlich vergleichbar ist, was Fürsorge, Körperpflege, Betreuungszeit und so weiter angeht, können junge Eltern gut ertragen, weil sie wissen, dass bessere Zeiten vor ihnen liegen. Pflegende Angehörige dagegen wissen, dass sich der Zustand ihres „Patienten“ stetig verschlechtert.

Dies mag jetzt wie ein trauriges Fazit klingen, ist aber nicht so beabsichtigt. Im Grunde genommen bin ich dankbar, dass ich meinen Vater in der letzten Phase seines Lebens betreuen darf und die Gesellschaft, in der ich lebe, mir dies ermöglicht. Meine Eltern haben außerdem das große Glück, dass sie in ihrem hohen Alter noch in ihrem eigenen Haus leben können. Zugegeben, nicht wenige Leute sind dafür im Einsatz: Ein Pflegedienst, Reinigungskräfte, die

Nachbarn und wir Familienmitglieder. Aber es fühlt sich gut an, ihnen diesen Wunsch erfüllen zu können. Und wenn man sich einmal selbst die Frage stellt, wie man seinen Lebensabend verbringen möchte, so gelangt man zu derselben Einschätzung: Man möchte in den eigenen vier Wänden wohnen bleiben – oder nicht? Von daher bin ich mit der aktuellen Situation „im Reinen“- würde ich sagen.

Zurück zum Anfang

In dem Roman von Pellini „Der Bademeister ohne Himmel“, nach dessen Lektüre ich überhaupt erst Lust verspürte, über die Pflegesituation meines Vaters zu schreiben, sterben zwei Menschen, nämlich die Hauptfigur und ein Nebenakteur. Dass der frühere Bademeister, der pflegebedürftige alte Mann, am Ende des Romans stirbt, hätte man sich von vornherein denken können. Was sonst folgt auf die Pflegebedürftigkeit eines hochbetagten Menschen? Aber natürlich ist es der Autorin oder dem Autor freigestellt, diesen letzten Moment zu thematisieren oder auszuklammern. Ich kann mich glücklich schätzen, nicht über den Tod meines Vaters schreiben zu müssen, da mein alter Herr sich weiterhin tapfer durchs Leben schlägt. Mein Roman handelt von der schwierigen Phase gegen Ende des Lebens, in der ein Mensch sich nicht mehr selbst versorgen und pflegen kann, er aber weiterhin mündig ist und entscheidet, wo er lebt und was mit ihm passiert. Übrigens, man mag darüber staunen und den Sinn dieser Aktion in Frage stellen: Meine Eltern sind zur Bundestagswahl gegangen. Zwar bekommt Eckhart vom politischen Geschehen in unserem Lande nichts mehr mit, doch betrachtet er es als seine Bürgerpflicht, wählen zu gehen. So viel zum Thema „Mündigkeit im hohen Alter".

Ich denke, meine Eltern haben noch ein paar gemeinsame Jahre vor sich. Eckhart weiß das nicht zu schätzen, möchte er doch am liebsten heute schon „einschlafen und nicht mehr aufwachen" – wie er zu sagen pflegt. Gisela traue ich zu, hundert Jahre alt zu werden, fit wie sie ist. Sie selbst würde dem allerdings widersprechen. Hat sie doch viel zu viel Stress mit ihrem Mann. Es ist aber auch müßig sich auszumalen, wie es wohl weitergeht. Es geht einfach weiter. Irgendwie.

„Dein Roman ist zu kurz geraten“, wird Jan mir vorhalten. „Niemand wird ein so kurzes Buch lesen wollen“, höre ich ihn sagen. Aber diese Logik finde ich komisch. Wenn jemand ein umfangreiches Werk nur zum Teil liest, läuft es auf dasselbe hinaus. Dann wäre die Person doch besser beraten, von vorneherein eine kurze Lektüre zu wählen. Ich als Leserin hätte jedenfalls kein Problem damit. Ganz im Gegenteil: Meine Vorliebe galt schon immer Kurzgeschichten – eine von Alice Walker, die nur drei hundert Wörter umfasst, war im Studium mein absoluter Favorit. Ich hatte mir immer vorgestellt, sie einmal im Englischunterricht der Oberstufe zu thematisieren. Doch es kam nicht dazu.

Frau Merkel fasst sich in ihren mit „Freiheit“ betitelten Memoiren alles andere als kurz, weshalb ich mich ein wenig damit herumquäle. Ich fand die Ausführungen über ihre Jugend und ihr Studentinnen-Dasein in der DDR besonders interessant. Auch der Anfang ihrer politischen Laufbahn sowie ihr Einzug ins Kanzleramt haben mich fasziniert. Danach kam es mir vor, als gehörte ich nicht mehr zur passenden Zielgruppe. So wird es auch sein.

Ich bin gespannt, ob Christine Westermann meine Publikation lesen und eine Kritik dazu veröffentlichen wird. Vielleicht sitze ich wieder mit Jan beim Frühstück und lausche ihrer angenehmen Stimme, wenn sie von einer Neuerscheinung des Jahres 2025 spricht, der „[…] Schallplattensammlung meines Vaters“. Oder könnte mich ihre Agentur verklagen wollen, weil ich sie namentlich erwähne? Mir kommen Zweifel. Es ist mein Erstlingswerk, und ich habe keine Ahnung, was alles passieren kann. „Abwarten und Tee trinken“, würden sie in Jans Heimat sagen.

Inhalt

ISBN 978-3-8190-7646-6
9 783819 076466 00001
www.epubli.com